히트상품을 만드는
브랜딩
트렌드
30

히트상품을 만드는
**브랜딩
트렌드
30**

초판 1쇄 발행 2008년 7월 20일
　　　3쇄 발행 2011년 1월 20일
지은이　브랜드메이저
펴낸이　김건수
펴낸곳　김앤김북스
100-210 서울시 중구 수하동 40-2 우석빌딩 903호
전화 773-5133
팩스 773-5134
이메일 knk@knkbooks.com
출판등록 2001년 2월 9일 (제12-302호)
값 13,000 원
ISBN 978-89-89566-38-0 03320

저작권자ⓒ브랜드메이저
이 책을 무단 복사, 복제, 전재하는 것은 저작권법에 저촉됩니다.
잘못 만들어진 책은 구입하신 서점에서 교환해 드립니다.

히트상품을 만드는
브랜딩 트렌드 30

까다로운 소비자를 사로잡는 브랜드의 비밀

브랜드메이저 지음

김앤김북스

Contents

prologue ······ 7

 Simplicity
단순함으로 소비자를 사로잡는다

Trend 1 단음절 브랜딩
짧아서 더 강하다 ······ 13

Trend 2 이니셜 브랜딩
알파벳 26개 중 하나만 가져도 V 한다 ······ 22

Trend 3 자연어 브랜딩
모습을 바꾼 자연어에 이끌린다 ······ 31

Trend 4 원 컨셉 브랜딩
한 가지 컨셉으로 승부한다 ······ 40

Trend 5 카테고리 브랜딩
'카테고리' 그 자체에 집중한다 ······ 47

 Story
스토리로 소비자를 사로잡는다

Trend 6 구체물 브랜딩
구체물을 활용하여 메시지를 재창조한다 ······ 59

Trend 7 지명 브랜딩
지역의 이미지를 브랜드에 반영한다 ······ 66

Trend 8 인용 브랜딩
일부를 인용하여 전체의 스토리를 얻는다 ······ 74

Trend 9 반어적 브랜딩
생각을 전환하면 브랜드가 보인다 ······ 81

TREND 10	**중의 브랜딩**
	두 배로 풍부한 연상을 만든다 …… 87
TREND 11	**넌컨셉 브랜딩**
	마음대로 상상한다 …… 94
TREND 12	**시리즈 브랜딩**
	시리즈로 확고한 아이덴티티를 구축한다 …… 103

Sense
감각으로 소비자를 사로잡는다

TREND 13	**맛있는 브랜딩**
	식감에서 호감으로 …… 115
TREND 14	**컬러 브랜딩**
	컬러의 상징은 진화한다 …… 120
TREND 15	**반복 브랜딩**
	리드미컬하게 브랜드를 인식시킨다 …… 130
TREND 16	**청각 브랜딩**
	귓가에 맴도는 브랜드 …… 137
TREND 17	**비주얼 브랜딩**
	문자로 그린 그림 …… 145

Culture
문화 코드로 소비자를 사로잡는다

TREND 18	**신화 브랜딩**
	가장 오래된, 가장 세계적인 코드 …… 155
TREND 19	**펫네임 브랜딩**
	기업보다 소비자가 더 잘 만든다 …… 167
TREND 20	**축약 브랜딩**
	줄일수록 커지는 매력 …… 177

TREND 21 **펀 브랜딩**
　　　　재미로 무장 해제시킨다 …… 183
TREND 22 **서정적 브랜딩**
　　　　시처럼 음악처럼 감수성을 자극한다 …… 192
TREND 23 **채러티 브랜딩**
　　　　세상과의 아름다운 교감 …… 198
TREND 24 **크로스오버 브랜딩**
　　　　익숙한 둘이 만든 낯선 하나 …… 212

Logic
논리로 소비자를 사로잡는다

TREND 25 **국가 이미지 브랜딩**
　　　　국가 이미지가 주는 강한 논리로 무장한다 …… 221
TREND 26 **암호 브랜딩**
　　　　암호를 풀면 또 다른 메시지가 있다 …… 229
TREND 27 **상대적 브랜딩**
　　　　후발주자의 성공 전략 …… 236
TREND 28 **중간재 브랜딩**
　　　　브랜드 속에 브랜드 있다 …… 242
TREND 29 **서술적 브랜딩**
　　　　친절한 설명, 길어지는 브랜드 …… 249
TREND 30 **기호 브랜딩**
　　　　단순한 기호로 풍부한 효과를 노린다 …… 257

epilogue …… 265

prologue

『메이저브랜드를 만드는 브랜딩』,『글로벌 브랜딩』,『최고의 브랜드에는 특별한 드라마가 있다』를 1~2년 간격으로 발간한 바 있습니다. 이번에 네 번째로『히트상품을 만드는 브랜딩 트렌드 30』을 내게 된 것은 앞서 발표된 책에서 주변적으로 다룬 내용을 독립된 주제로 연구해보고 싶다는 욕심과 함께, 세계적인 브랜드 환경변화에 대응해야 할 필요성 때문입니다.

이 시대의 글로벌 시장 환경은 국적과 국경을 넘어 'made in'이 아닌 'made by'의 시대로 가고 있으며, 그 중심에는 오로지 제품의 특성과 가치를 매력적으로 드러낸 브랜드만이 존재합니다. 성공한 브랜드는 브랜딩 트렌드의 시발점이 됩니다. 마찬가지로 기존의 트렌드를 답습하는 브랜드가 수치적 성공을 뛰어넘어 러브마크가 되는 경우는 드물다 하겠습니다. 이러한 맥락에서 이 책에 포착된 트렌드는 그 자체로도 다양한 영감을 제공하겠지만, 새로운 트렌드를 예견하거나 창조할 수 있는 모티브를 제공한다는 데 더욱 큰 의미가 있을 것입니다.

기존 경쟁 브랜드와 차별화되는 새로운 브랜드가 등장하고 또 성공하면, 그와 유사한 브랜드들이 탄생합니다. 하나의 패턴을 형성하는 것입니다. '보르도', '초콜릿' 이후 어떠한 TV, 핸드폰 브랜드가 등장했는지 떠올려본다면 쉽게 이해할 수 있습니다. 이렇듯 차별화한다는 것은 트렌드를 깬다는 의미입니다. 그리고 트렌드를 깨고 등장한 브랜드가 새로운 트렌드를 형성해 갑니다.

 브랜딩 트렌드라는 주제와 필자들이 하고 있는 브랜드 개발은 아주 흥미로운 관계를 가지고 있습니다. 시장에서 경쟁의 주체인 기업들은 서로가 만든 브랜드의 패턴은 깨려 하고 자신의 브랜드가 주축이 된 트렌드는 지속시키려고 노력합니다. 그러나 브랜드를 개발하는 필자들은 때로는 직접 개발하고 제안했던, 그리고 운 좋게도 성공해 트렌드를 형성했던 패턴을 스스로 깨야 하는 아이러니한 상황을 경험합니다. 자신의 성과와 한계를 스스로 깨는 일이 바로 우리의 업인 것입니다.

 독자들은 새롭게 포착한 트렌드를 접할 수 있고, 보다 심도 있게 분석한 트렌드를 맛볼 수 있을 것입니다. 필자들이 현장에서 수행하는 프로젝트는 자신이 깨야 할 패턴이 무엇인지를 정확하게 분석하는 데서 시작해서, 트렌드를 형성할 만큼 강한 매력이란 무엇인가를 고민하고 제안하는 일로 마무리되기 때문입니다. 트렌드를 포착하고 분석하는 새로운 시선. 이 점이 필자들의 강점이자 이 책의 핵심가치라고 자부합니다. 또한 현장 실무자들이 써내려 간 책이기에 학술적 논리, 치밀한 연구보다는 현장의 논리와 실무에 시사점을 던지고 영감을 주는 내용이라 하겠습니다.

 좋은 브랜드의 획일화된 조건은 없다고 생각합니다. 엉뚱한 아이디어가 시장에서 크게 성공하는 경우가 적지 않습니다. 필자들 또한 성공의 공식은 없다는 생각으로 일해 왔고, 오히려 필연적 논리가 있을 것이다라는 관념을 깨려고 노력했습니다. 책을 쓰면서도 마찬가지였습니다. 그리고 마지막으로 세상에 내놓으면서도 그렇습니다. 이 책을 100% 활용한다 함은 분석된 트렌드를 성공의 법칙으로 받아들이는 것이 아니라, 독자들 특히 브랜딩, 마케팅 분야의 실무자들이 자신의 통찰력을 증진시키고, 창조적으로 브랜드를 개발, 관리해 나가는 것입니다. 이 책이 그러한 창조의 씨앗이 되길 바라고, 독자들의 브랜드가 성공해 우리가 다시금 새로운 내용의 트렌드를 분석해야 하는 내일을 상상해봅니다.

끝으로 미흡한 내용의 책이지만, 브랜드메이저의 임직원들이 바쁜 업무 속에서 짬을 내서 써내려 간 결실인 만큼, 독자들에게도 소중한 책이기를 바랍니다. 대한민국의 모든 기업이 성공하는 그날까지, 전세계에 우리의 브랜드가 널리 퍼질 때까지 늘 최선을 다해 노력하겠습니다. 이 책을 읽는 많은 독자들, 동료들도 성공하시길 빕니다.

(주)브랜드메이저 대표이사_ 황은석

PART 1

Simplicity
단순함으로 소비자를 사로잡는다

Trend 1 단음절 브랜딩
짧아서 더 강하다

Trend 2 이니셜 브랜딩
알파벳 26개 중 하나만 가져도 V한다

Trend 3 자연어 브랜딩
모습을 바꾼 자연어에 이끌린다

Trend 4 원 컨셉 브랜딩
한 가지 컨셉으로 승부한다

Trend 5 카테고리 브랜딩
세분화된 카테고리 자체에 집중한다

PART 1
Simplicity

최근 아이팟ipod, 애니콜, 보르도TV 등 하이테크 제품 디자인에서 보여주는 '단순함 simplicity'은 현대적인 느낌과 고급감을 보여주는 매력적인 트렌드로 자리 잡고 있다. 이른바 '수퍼노멀supernormal'의 시대가 온 것이다.* 주목할 만한 '작은' 매력이 큰 차별성을 만드는 것이다. 소비자의 주의를 끌려고 티나게 애쓰지는 않지만 궁극적으로 주목을 받도록 만드는 그 무엇이 있다. 거추장스러운 장식을 거부하고 최대한 쉽고 편하게 이해할 수 있는 요소만으로 '특별한 평범함'을 만들어 나가는 것이다. 언뜻 보기에는 눈을 끌지 못할 것 같은 평범함이지만 오래오래 지속될 수 있는 가치를 품고 있는 특별한 평범함 말이다. 튀는 형태와 요란한 장식의 디자인이 아니라 디자인한 것 같지 않은데 멋스러운 이미지에 현대인들은 오랜 시간 애정을 쏟게 된다.

브랜드도 마찬가지이다. 브랜드네임에 모든 것을 담을 수 없다면 정말 놓칠 수 없는 그 무언가를 담아야 한다. 본질적으로 소비자들이 얻고 싶어하는 궁극의 것만 남기되 허무해질 정도의 단순함으로 무장한다. 꾸밈과 과장이 넘쳐나는 시장 속에서 역으로 주목받을 수 있는 전략을 취하는 것이다. 많은 정보와 과도한 이미지의 범람 속에서 소비자들은 피로를 느낀다. 심플한 메시지, 군더더기를 버린 미니멀minimal한 모습, 짧고 강한 임팩트에 마음이 끌리게 된다.

PART1에서는 이러한 '특별한 평범함', 단순한 화법으로 주목받는 브랜딩 트렌드들을 살펴볼 것이다. 이러한 기법 중에는 단 1字로 브랜드를 대표하거나 더 나아가 알파벳 1개로 단순화시켜 호기심과 상징을 확보하는 형태적 접근이 있다. 그런가 하면 메시지 측면에서 자연어가 갖는 명료한 의미를 새로운 모습으로 살려보거나 카테고리 자체에 집중하는 시도도 있다. 브랜드에 모든 것을 표현할 수 없기에 정말 모든 것을 다 버려도 끝까지 유지된 핵심적인 원 포인트one point를 브랜드로 활용하는 사례도 살펴볼 것이다. 단순함이 주는 평범함이라는 것이 자칫 잘못되었을 때 초라함 혹은 식상함이 될 수도 있었을 텐데 이러한 위험 부담을 안고 과감히 단순함에 몸을 던진 브랜드들을 만나보자.

* 『디자인 트렌드』, 재스퍼 모리슨Jasper Morison

TREND 1 단음절 브랜딩

짧아서 더 강하다

짧게 이야기하는 시대다. 편지가 사라지고 휴대폰 단문 메시지가 일반화되었다. 길게 통화해야 될 일을 메신저를 통해 단 두세 마디로 끝낸다. 세상이 복잡해질수록 커뮤니케이션은 더욱 단순한 것을 찾게 된다. 이런 경향은 브랜드에서도 발견된다. 일반적으로 브랜드는 3음절이 좋다고 한다. 의미 적용, 발음의 용이성, 안정감 측면에서 그렇다고 본 것이다.

하지만 이런 통념을 깨려는 움직임도 있다. 브랜드의 의미, 리듬, 안정성 등의 장점을 무시하고 한 글자로 표현하려는 브랜드들이 속속 등장하고 있다. 현실적으로 한글 단음절 브랜드는 너무 단순한 표장이라는 이유로 문자상표의 등록 요건을 만족시키기 어렵다. 이처럼 식별력도 낮고 안정성도 떨어지고 상표권 보호까지 어려울 수 있는데 단음절 브랜드를 선택하는 이유는 무엇일까? 단음절이기 때문에 받는 주목력, 이미지의 응집력이 있기 때문이다. 게다가 브랜드 자체가 최대한 짧은 형태를 추구하기에 생겨난 여백은 커뮤니케이션의 다양한 묘미를 살려주면서 소비자들의 궁금증과 기대감을 지속적으로 채워준다.

짧게 응축하여 주목받겠다

성공을 꿈꾸는 젊은이들에게 요구되는 5가지 요소를 각각 단음절로 표현해보면 '깡', '끼', '꼴', '꿈', '끈'이라고 한다. 만약 이 5가지 요소를 이렇게 표현하면 어떤 느낌일까? '성공하려는 야심과 전문성을 갖추고, 일에 걸맞은 외모를 가꾸고, 큰 뜻을 품고, 인적 네트워크를 튼튼히 해야 한다.' 결국 같은 이야기이겠지만 전해주는 강도는 차이가 난다. 후자의 경우 '또 늘 같은 소리구나' 하는 식상함과 함께 너무 정답 같은 표현방식에 새로울 것이 전혀 없이 한 귀로 흘려버리는 내용이 되어버린다. 그러나 각각의 내용을 단음절로 담을 때 기발한 함축이라는 생각과 함께 일부러라도 기억하고자 하는 매력적인 내용이 된다.

단음절 브랜드를 취하는 것은 시장에 강력한 임팩트를 던지고 싶다는 의지의 표현일 수 있다. 유난히 통신 업종에 단음절 브랜드가 많았던 것도 그런 이유일 것이다. 통신업체 간 경쟁은 치열하고 젊은 타깃을 공략해야 하는 과제를 놓고 극단적인 방법을 활용하는 것이다. 담고 싶은 내용은 많지만 최대한 짧게 응축하여 스포트라이트를 받아보겠다는 의도이다.

"세상을 다 가져라", "공짜가 좋아"라는 유행어를 만들며 등장했던 KTF의 통신 서비스 브랜드가 'Na'였고 그 이후 "세상을 놀라게 할 수 없다면 나타나지 마라"라는 카피와 함께 서태지를 모델로 내세운 KTF의 초고속 IMT-2000 서비스 브랜드는 핌Fimm이다. '최초의 모바일 멀티미디어First In Mobile Multimedia'를 뜻하는 핌Fimm은 빠르게 날아가는 소리를 표현한 의성어로서 첨단의 이미지를 새롭게 전달한다.

단음절 브랜드를 통해 주목력을 확보하기 위한 KTF의 노력은 최근 '쇼Show'로 이어지고 있다. 3세대 이동통신 브랜드 '쇼Show'는 그 단어의 의미처럼, 단순한 음성통화를 넘어 '보고 보여주는' 영상통화임을 커뮤니케이션하고, 고객에게 즐거움과 다양함을 보여주겠다는 의미를 담고 있다. '쇼Show'는 강하게 응축된 단음절 브랜드를 기반으로 '쇼를 하라'며 강하게 선동하는가 하면, '쇼를 하면…'이라는 캠페인을 통해 다양한 스토리를 만들어 가고 있다.

SK텔레콤 역시 준June을 통해 단음절 브랜드의 위력을 보여주었다. "어느 날 우연히 오른쪽으로 고개를 돌렸을 때 준June을 만났다." 이 카피로 2002년 많은 사람들의 궁금증과 호기심을 자극하며 등장한 준June은 자신이 어떤 광고인지 철저히 숨긴 채, TV와 버스, 전광판, 플래카드 등을 통한 다양한 커뮤니케이션 활동을 전개했다. 시간이 갈수록 미지의 인물 준June에 대한 사람들의 궁금증은 더해져만 갔고, 이는 브랜드에 대한 강한 기대감으로 이어졌다.

SK텔레콤의 준June은 경쟁이 치열한 통신 시장에서 소비자들의 주목을 받으며 성공적으로 자리 잡았다. 그것의 성공 요인을 찾자면, 무엇보다

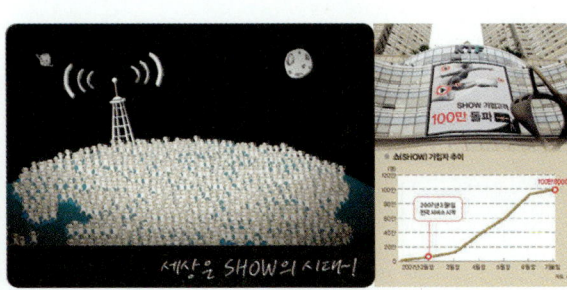

어떻게 하면 강력한 임팩트를 던져줄 수 있을까? - SKT 준, KTF 쇼

의인화된 단음절 브랜드를 빼놓을 수 없다. 단음절 브랜드는 사람들의 눈길을 끌어당길 뿐 아니라 누구나 쉽고 친근하게 부를 수 있기 때문이다.

이후에도 SK텔레콤은 준^{June}을 활용해 "준, 음악 선곡 너무 좋았어", "준, 영화를 보여줘요" 등 다양한 광고들을 선보이면서 선두업체로서의 입지를 굳혀나갔다. SK텔레콤은 준^{June} 외에도 단음절 브랜드로 10대들을 위한 통신 서비스 팅^{ting}을 선보이고 있다.

커뮤니케이션의 묘미를 살리겠다

단음절 브랜드이기에 생기는 브랜드의 여백은 그 자체가 차별성이고 매력이지만, 실제 브랜드를 적용하는 단계에서도 커뮤니케이션의 묘미를 살릴 수 있는 이점이 존재한다. 9·11 사태 이후 미국의 항공산업 전반에 불어온 위기는 기존 항공서비스 방식에 변화를 가져오게 되었다. 그 중 하나가 바로 저가 항공사의 증가이다.

델타항공은 델타 브랜드와는 독립적으로 운용할 저가 항공사의 브랜드로 '송^{song}'이라는 단음절 브랜드를 채택한다. 일반 항공사가 추구하는 신뢰성, 규모감 등의 이미지와는 달리 저가 항공사가 추구하는 것은 실용적이고 친근한 이미지이다. '송^{song}'은 개별화된 여행을 경험하는 즐거움을 단음절로 표현하면서 저가 항공사가 목표로 하는 이미지를 효과적으로 달성하고 있다. 송^{song}은 비행기 외관 적용, 프로모션 아이템 등 대부분의 커뮤니케이션상에서 송^{song} 자체만으로 활용되지만 항공사로서의 공식 명칭은 'FlySong'이다. 'FlySong'은 그저 그런 일반적인 비행이 아니라

단음절이라 풍부한 연상을 창출할 수 있다. - 델타항공 song, LG생활건강 후

'노래를 흥얼거릴 만큼 즐거운 비행'을 경험하게 될 것임을 커뮤니케이션 한다. 이처럼 단음절의 응축성은 실제로 커뮤니케이션되었을 때 재미있는 연상을 창출해낸다.

LG생활건강의 한방화장품 '후'는 왕후를 의미하는 后 외자를 사용하여 단음절의 심플한 멋을 표현하고 있다. 그러나 실제 적용에 있어서는 수식어인 'The history of'를 넣어 '더 히스토리 오브 후'로 활용한다. 이를 통해 왕후의 역사가 담겨 있는 고품격 화장품의 이미지를 전달하고 글로벌 브랜드로의 활용 의지를 담아냈다. 이처럼 '후'는 단음절이 주는 심플한 임팩트를 충분히 활용하면서 그것을 수식하는 보조적 장치를 통해 이미지의 풍부함을 창출한다. 'The history of'와 같은 수식어를 결합해 다양하고 풍부한 이미지를 전달할 수 있는 것은 단음절 브랜드가 누릴 수 있는 커뮤니케이션의 묘미라 할 수 있다.

확장하겠다

브랜드 매니저라면 누구나 브랜드를 운용하는 과정에서 발생하는 하부라인의 문제를 놓고 고민하게 된다. 매번 새로운 브랜드를 부여할 수도 없고 또 하부를 신경쓰다 보면 메인 브랜드가 희석될까 우려되어 브랜드의 확장 여부, 확장 범위, 확장 정도를 결정하기 쉽지 않다. 단음절 브랜드가 가진 큰 장점을 꼽는다면 이러한 브랜드 확장의 상황에서 어떠한 하부 시스템을 연결할지라도 자연스럽고 부담스럽지 않다는 점이다. 또한 브랜드 확장을 진행할 때 자칫 메인 브랜드가 희석되기 쉬운데, 단음절 브랜드의 경우 확장할수록 메인 브랜드의 방향으로 이미지가 집중되면서 메인 브랜드를 더욱더 강화하는 장점이 있다.

'닌텐도의 레볼루션'으로 불리던 차세대 콘솔게임기 '위^{Wii}'를 살펴보자. 가족 누구나 부담 없이 즐길 수 있는 게임기를 표방하고 있는 위^{Wii}는 영어의 'We'를 메인 이미지로 하고 있다. '위^{Wii}'는 다른 게임기에서는 접할 수 없는 Wii만의 독창적인 컨트롤러를 형상화하면서 동시에 사람들이 모여서 게임을 즐기는 것을 나타내고 있다. 의미상 We를 떠올리게 하는 '위^{Wii}'는 프로모션을 진행하면서 Wii start, Wii connect 24, Try Wii, Wii Shop Channel 등으로 적용되어 '우리 함께 …하다'라는 의미를 효과적으로 전달한다.

'위^{Wii}'가 주는 간결함의 매력은 브랜드가 만나는 다양한 분야, 다양한 상황과 결합되었을 때 더욱 빛을 발한다. '위^{Wii}'는 제품라인을 표현하는 브랜드 수식어^{modifier}와의 결합이 매우 용이한데, 게임 라인 Wii game, 스포츠 라인 Wii sports, 피트니스 라인 Wii fit 등으로 확장하면서 관련 서비

확장할수록 메인 이미지가 강화된다. - 닌텐도의 위(Wii)

스 영역들을 강하게 흡수한다.

또 다른 사례로 미국의 어린이 방송 프로그램 '줌Zoom'이 있다. '줌Zoom'은 미국 보스턴에 있는 공영방송 PBS를 통해 전국에 방영되는데, 미국 전체 가정의 92%에 도달한다. "컴 온, 줌, 줌, 줌"이라고 외치는 노래를 안 들어본 사람이 없을 정도로 많은 미국인들이 '줌Zoom'에 대해 알고 있다.

이 브랜드에서 주목할 점 역시 브랜드의 확장성이다. Zoom은 방송을 보는 어린이들에게 소속감을 부여하기 위해 Zoomer로 지칭하고, café Zoom, Zoom games, Zoom party, Zoom zones 등과 같이 Zoom 프로그램 내의 다양한 코너들에 Zoom을 확장해 적용한다. 또한 프로그램 내에는 'Zoom into Action', 'Zoom into Science', 'Zoom into Engineering' 등과 같이 Zoom을 동사적 의미로 확장한 코너들도 있다.

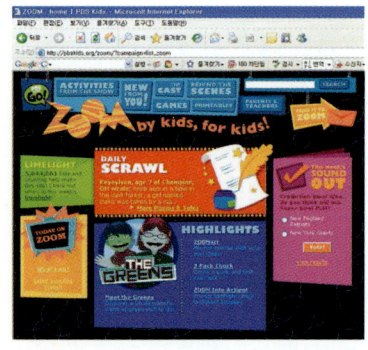

미국의 어린이 방송 프로그램 Zoom의 웹사이트와 브랜드 확장

이상의 사례들에서 우리는 브랜드를 간결하고 강하게 응축하는 단음절 브랜딩을 통해 브랜드에 대한 주목력을 높이고 하위 브랜드로의 확장성을 강화할 수 있다는 점을 확인할 수 있다.

볼수록 눈에 '확', 들을수록 귀에 '쏙',
말할수록 입에 '착'

단음절 브랜드는 주로 트렌드와 소비자의 라이프스타일에 민감한 IT 업계나 방송업계 등에서 특히 많이 보여지고 있지만, 앞으로는 다양한 분야에서 각광을 받게 될 것이다. 이는 단음절만으로 표현하고 커뮤니케이션할 수 있다는 장점과 임팩트를 던져줄 수 있는 단순함의 힘 때문이다.

사례들에서 살펴본 바와 같이 단음절 브랜딩은 차별화를 주는 동시에 큰 이슈와 주목을 불러일으키고 잊혀지지 않는 임팩트를 준다. 그것은 볼수록 눈에 확, 들을수록 귀에 쏙, 말할수록 입에 착 붙는 브랜드가 되게 한다. 짧고 강한 화두를 던지되 단음절이 주는 여백을 통해 다양한 연상과 연결어를 만들어내는 효과적인 커뮤니케이션이 가능해지는 것이다. 단, 단음절을 브랜드로 채택하기 위해서는 커뮤니케이션도 그에 걸맞게 추진할 수 있어야 한다. 'Show + OOO'이 이미 다수 존재했지만 KTF가 'Show'를 독점적으로 확보하고자 더 강력하고 재미있는 커뮤니케이션을 시도했던 사실을 알아야 한다.

 세상이 복잡해질수록 사람들은 단순하게 생각하고, 단순한 제품을 찾고, 단순한 메시지에 귀를 기울인다. 강한 울림을 원한다면 단음절 브랜드가 가진 단순함의 파워를 경험해보자. 브랜드의 의미와 연상을 응축하면 할수록 그것이 주는 임팩트는 더 커진다.

TREND 2 이니셜 브랜딩

알파벳 26개 중 하나만 가져도 V한다

'이니셜의 시대'라 해도 과언이 아닐 정도로 이니셜 브랜드가 다양하게 등장하고 있다. 90년대 후반 KTF는 'N 016'으로 주목을 받은 바 있다. N세대 담론과 함께 등장한 이니셜 브랜드로서 초기 이니셜 브랜딩으로 불려지고 있다. 그 이후 다양한 이니셜 브랜드들이 선보였다. 2003년 현대카드 M이 등장하여 대대적인 티저 광고를 할 때 이미 소비자들은 '이번엔 또 뭐야'라는 반응을 보였다. 느닷없이 등장해대는 이니셜에 피로감과 식상함을 느낀 것이다. 그런 반응 때문에 이니셜 패턴도 곧 사라지겠지 하는 생각이 있었다. 어차피 이니셜은 26개로 한정되어 있으니 더더욱 그러했다. 그러나 최근까지도 계속되는 이니셜의 행진은 새삼 이니셜 브랜딩의 효과를 실감하게 한다.

이처럼 알파벳이 오랜 시간 동안 꾸준히 관심을 받고, 또 폭넓은 분야에서 활용되고 있는 이유는 무엇일까? 얼핏 보기에는 단순해 보이는 알파벳 속에 숨겨진 모습을 살펴보자.

강한 상징성, 감각적인 스타일

최근 기업은행은 새로운 CI 'IBK'를 발표하면서 "A보다 I가 앞이다"라는 광고를 내보내 소비자들에게 깊은 인상을 남겼다. SK텔레콤은 통합 브랜드인 T를 런칭하면서 T로고를 내세운 티저 광고를 통해 소비자의 관심을 끄는 데 성공했다. 좋은 브랜드로 인정받기 위해서는 무슨 의미인지 그 안을 들여다보기에 앞서 소비자에게 강렬한 인상을 남겨야 한다. 소비자의 시선을 끌지 못한다면 힘없이 다른 브랜드에 밀리거나, 어느 순간 사라져버릴지도 모른다. 알파벳은 이러한 측면에서 매우 유용하다. 단순한 형태로 소비자가 쉽게 인지하고 기억할 수 있으며, 알파벳 그 자체가 가진 이미지를 통해 브랜드의 스타일을 형성할 수도 있다.

알파벳 'Z' 하면 떠오르는 것은 마징가 Z나 전격 Z작전, 쾌걸 조로에서 우리가 발견했던, 정의의 수호자, 강한 남성의 이미지이다. 모토로라의 초슬림 스타일폰 'Z'는 강한 발음과 날렵한 외관과 사람들의 머릿속에 각인되어 있는 알파벳의 이미지를 결합하여 스타일리쉬하고 감각적인 브랜드를 창조해냈다.

알파벳 W는 부드럽고 무게감 있는 발음과 반복되는 형태, 고급스럽고 세련된 이미지를 지닌 철자로, 최근 이를 이용한 브랜드가 다수 등장했다. 그 중 W호텔은 구체적인 속성이 아닌 스타일을 강조한 감성적 가치를 담아 알파벳의 상징성을 최대화함으로써 국내 최고의 호텔 브랜드로 자리 잡았다.

알파벳 이니셜은 단순히 강한 인상만을 남기는 것이 아니라 사람들에게 하나의 공통된 연상작용을 일으킨다. 얼음을 보면 만지기 전에 이미

알파벳 이니셜을 소유하기 위한 경쟁이 치열해지고 있다.
- W Hotel, Motorola Z, The h program, T-money

차갑다는 것을 알듯이 알파벳도 벗겨보기 전에 이미 어떠한 의미를 가지고 있을지 예측할 수 있다. E는 Internet, U는 Ubiquitous, G는 Green, Global 등 업종에 따라서 차이는 있겠지만 대부분의 사람들이 머리에 떠올리는 의미는 유사하기 마련이다. 웅진식품에서 새로이 선보인 건강식품 브랜드인 The H Program과 서울시 교통카드인 T-money는 알파벳의 상징성을 활용한 대표적인 사례이다. 누구나 쉽게 H를 통해 Health건강, Human인간을 떠올릴 수 있고, T를 보고 바로 교통Transportation 카드라는 것을 짐작할 수 있다.

무색무취 알파벳 속 다양한 모습

최근 기업들은 브랜드에 회사나 제품이 지닌 다양한 가치를 담고자 한다. 예를 들어 아파트 브랜드의 경우, '자연친화적이면서 최첨단의', '편안하면서 스타일리쉬한' 등의 다양한 가치와 상반된 이미지를 동시에 충족시키는 브랜드를 요구하고 있다. 대표적으로 현대건설의 아파트 브랜드인 힐스테이트Hill State는 'H'라는 하나의 알파벳에 다양한 의미를 담아 단시간에 브랜드 인지도를 높이는 성과를 거뒀다. 광고를 통해 알파벳 H에 Honor, History, Hotness, Human 등의 다양한 의미를 담아냈으며, "당신

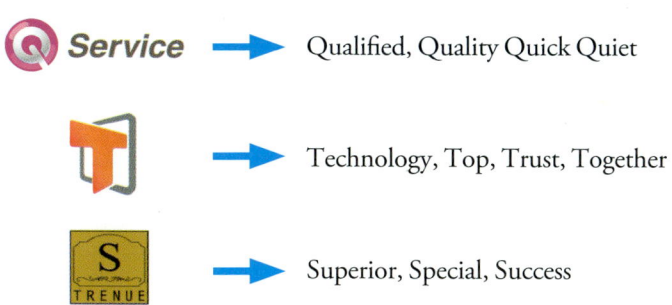

당신의 브랜드 이니셜이 의미하는 것은 무엇입니까?

의 H는?"이라는 물음을 통해 보다 넓은 의미를 담아낼 수 있는 가능성을 보여주었다. 또한 통신Telecom, 기술Technology, 최고Top, 신뢰Trust, 동반Together 등을 담은 SK텔레콤의 통합 브랜드 'T', 탁월함Superior 특별함Special, 성공Success의 의미를 담은 SK네트웍스의 'S-Trenue', 전문가에 의한Qualified, 최고 품질의Quality 신속하고Quick 편안한Quiet 서비스를 뜻하는 KIA의 'Q Service' 등은 알파벳 이니셜을 통해 브랜드의 다양한 가치를 표현한 사례이다.

이처럼 알파벳 이니셜이 다양한 의미를 담을 수 있는 이유는 반대로 그

이니셜은 무색무취하기에 다양한 의미를 담을 수 있다. – 이니셜 형태의 CI

무색무취의 특성에서 찾을 수 있다. 대표 브랜드나 통합 브랜드, 더 나아가 사명에서 이니셜을 활용한 사례가 많은 이유도 여기에 있다. 알파벳은 깨끗한 한 글자로 인식되기 때문에 그 위에 어떤 옷을 입히느냐에 따라 각양각색의 이미지를 끌어낼 수 있다. 그래서 가장 단순한 형태의 알파벳 이니셜에 디자인을 입히고 마케팅 활동을 통해 기업이 추구하는 가치를 부여하는 것이다.

알파벳의 무한한 확장성

　브랜드 명칭을 개발하는 데 있어 가장 중요하게 고려되는 것 중 하나가 브랜드 확장의 문제이다. 단순히 하나의 브랜드 개발에 그치는 것이 아니라, 향후 유기적인 브랜드 체계를 구축하기 위해 개별 브랜드 전략을 채택할 것인지, 대표 브랜드를 가져갈 것인지, 아니면 일관된 형태를 유지할 것인지에 대한 전략적 선택이 선행되어야 한다. 이러한 전략 중 개별 브랜드들 간의 확고한 유사성을 확보할 수 있는 방안이 알파벳 이니셜을 활용하는 것이다.

　가장 잘 알려진 사례로 현대산업개발의 I'PARK를 찾아볼 수 있다. 현대산업개발은 아파트 브랜드인 I'PARK를 필두로 모든 브랜드에 알파벳 I를 적용했으며, CI에도 I를 심볼로 활용하고 있다. 일관된 브랜드 체계를 통해 혁신적인^{Innovative} 기업인 '현대산업개발다움'을 형성한 것이다. 이처럼 브랜드 체계에 공통된 이니셜을 적용하는 것은 커뮤니케이션의 효율성을 극대화하는 가장 손쉬운 방법이다. 타 브랜드들과 차별화하는 한

이니셜을 이용한 브랜드 확장 – 현대산업개발 브랜드 시스템

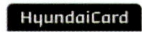

  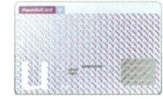 

현대카드는 26개의 알파벳 카드 상표권을 확보하고 있다.

편, 하위 브랜드들과 자연스럽게 공통된 이미지를 형성할 수 있기 때문이다. 그것은 또한 무한한 브랜드 확장의 가능성을 지니고 있어 브랜드 관리에 효과적이다.

 알파벳 이니셜을 이용한 브랜드 확장은 종적인 연계뿐 아니라, 횡적인 연계를 통해서도 가능하다. 이미 오래 전부터 기업들은 하나의 카테고리 브랜드 아래 OOX, OOY, OOZ 등 알파벳을 붙여 각 제품의 특성을 구분하거나 하위 브랜드 체계를 정리하는 방법이 일반화되어 왔다. 최근에는 단순히 수식어^{Modifier}가 아닌 브랜드 명칭 자체로 알파벳을 사용하여 시리즈 브랜드를 출시하는 사례도 늘고 있다. 대표적으로 현대카드는 M카드를 출시하여 시장에 센세이션을 일으켰을 뿐만 아니라 그 후에도 다양한 알파벳 카드를 출시해왔다. 현대카드는 이미 26개 알파벳 카드의 상표권을 확보하고 있으며, 향후에도 소비자의 스타일 및 혜택에 따라 새로운 알파벳 카드를 선보일 예정이다.

이러한 독특한 전략은 수많은 브랜드가 넘쳐나는 카드시장에서 현대카드만의 확고한 이미지를 구축하는 데 중요한 역할을 했다. 그리고 각각의 알파벳이 대표하는 영어 단어와 세분화된 고객 성향을 결합시켜 소비자의 감성을 자극하는 데도 성공했다.

진화하는 알파벳 브랜드

이니셜 브랜드가 포화상태가 되면서 단순히 이니셜 하나와 수식어를 결합하는 형태를 벗어나는 이니셜 브랜드가 등장하고 있다. 이니셜과 무언가를 아주 간결하게 결합하거나 이니셜 구조 자체의 새로움을 추구하는 것이다. 구 세븐마운틴 그룹은 그룹의 신 사명을 새로운 도전으로 끊임없이 확장하고 영위한다는 비전을 담아 'C&'으로 변경했다. LG, SK, KT 등의 전통적인 2字 이니셜 형태를 벗어나면서 이니셜이 갖는 다양한 의미 해석과 가치중립적 이미지를 확보하고자 한 것이다. '이니셜 + 이니셜'만의 결합이 아니라 부호 '&'을 활용해 C& more의 의미를 부여하면

이니셜 브랜드가 진화하고 있다. – IN THE F, C&, Eee pc

서 탄력적인 적용 가능성을 열어놓았다.

　조이너스, 꼼빠니아, 모르간, 테이트 등의 패션 브랜드를 거느린 나산의 경우도 사명을 변경하면서 중심이 되는 사업인 '패션'의 이니셜 'F'를 확보하는 전략을 구사했다. 'IN THE F'가 그것인데, 이니셜 전략을 채택하면서도 기존 F&F, F&C 등의 패턴과 차별화하기 위해 구문 형태로 개성을 부여한 것이다. 단순한 이니셜보다는 이니셜을 중심으로 브랜드의 형태를 풍성하게 보여줌으로써 이니셜 패턴의 새로운 가능성을 열었다.

　대만의 Asus에서 나온 소형 노트북 브랜드 Eee pc는 또 다른 형태로 이니셜의 새로움을 환기시켜준다. Eee pc는 기존 노트북의 한계를 넘은 모바일 인터넷 기기를 표방하면서 'Easy to learn', 'easy to work', 'easy to play'라는 개념을 담고 있다. 결국 E pc로 해도 될 것을 핵심 이니셜, 그것도 같은 이니셜을 3번이나 반복하면서 이니셜을 좀더 강하고 독특하게 확보하였다.

V하는 알파벳 브랜드

　앞서 살펴본 바와 같이 알파벳 이니셜을 자신의 것으로 만든다면 강한 상징성, 풍부한 연상성, 브랜드 확장의 용이성을 갖춘 강력한 브랜드를 창조할 수 있다. 이러한 이유로 최근 알파벳 이니셜을 선점하려는 기업들의 경쟁이 거세지고 있다. 그러나 단순히 먼저 알파벳 이니셜을 사용한다고 해서 그 알파벳이 자신의 것이 되는 것은 아니다. 알파벳 외자, 또는 두 글자는 독점적인 상표권 획득이 불가능하여 다른 기업에서도 동일한 알파벳을 브랜드화할 수 있다. Xcanvas뿐 아니라, X-Box, Xride 등 많은 브랜드가 X를 내세우고 있으며, 애플의 ipod, iriver 등 i의 사용도 일반화되었다. '교통^{Transportation}'이라고 T-money를 썼는데 '통신^{Telecommunication}'이라며 T world가 등장하기도 한다. 더 심각하게는 꾸준히 알파벳을 시리즈로 사용해 M카드 이후 'V카드'까지 출시한 현대카드가 있는데 우리카드에서 '우리 V카드'가 등장해 강하게 목소리를 높인다.

단순히 이니셜을 도입한다고 해서 성공적인 브랜드가 되는 것은 아니다. 거기에 자신만의 강한 이미지를 심음으로써 동일한 알파벳을 사용하는 타 브랜드와 차별화해야 한다. 또한 함축된 의미를 지속적으로 고지하여 브랜드의 정체성을 축적, 유지시킬 때 이니셜 브랜딩의 효과를 얻을 수 있다. 이니셜을 독점적으로 가질 수 없는 이니셜 브랜드의 한계이기도 하지만 이니셜처럼 강하고 단순한 것을 소유하기 위해서는 누구보다 더 강하고 지속적으로 매력적인 자기 색을 부여할 수 있어야 한다.

TREND 3 자연어 브랜딩
모습을 바꾼 자연어에 이끌린다

'자연어'라는 것은 말 그대로 인공적 장치를 하지 않은 언어, 그 자체로 의미가 소통되는 단어, 사전상에서 제한된 의미를 정의해주는 단어를 뜻한다. 브랜드가 많지 않던 브랜드 마케팅 초기에 브랜드의 형태는 대부분 자연어를 지향했다. 속성, 효익을 적극적으로 드러내는 자연어 패턴을 통해 명확한 연상과 긍정적인 이미지를 심었다. 그러나 업종을 막론하고 브랜드의 수가 포화상태에 이르게 되면서 더 이상 자연어만으로는 브랜드에 특별한 개성을 부여할 수 없게 되었다.

따라서 자연어를 쓰더라도 남들이 모두 알고 모두들 쓰는 자연어가 아니라 조금 더 어려운 자연어, 동일한 의미를 가진 낯선 외국어로 된 자연어가 활용되기 시작했다. 그리고 급기야는 자연어 패턴을 포기하고 의미를 복합화하거나 배제시켜 독특한 조어나 합성어를 탄생시키기에 이르렀다.

우리나라에서 IT기술이 발전함에 따라 다양한 통신 브랜드들이 출현했고, 특히 많은 벤처기업들이 태동하면서 엄청난 수의 합성어 브랜드를 만들어낸 바 있다. 이러한 브랜드 경험을 겪어온 소비자들은 언어 조합으로 인한 인식상의 불편함을 느꼈고 다시 돌아온 자연어의 가치를 새삼 인식하게 되었다. 차별화와 새로움을 위한 장치들이 포화상태에 이르면서 더 이상 새로움을 주지 못하는 시점에 오자 단순하게 메시지를 전달하는 자연어가 다시 수면 위로 떠오른 것이다. 웰빙Well-being을 넘어 로하스Lohas 의 시대, 느림의 미덕을 추구하는 시대에 자연어의 회귀는 분명 하나의 브랜딩 트렌드라 할 수 있다.

자연어 음감은 그대로, 형태는 독특하게

멘솔menthol 담배의 대표적인 브랜드 쿨kool이 영어 자연어 그대로의 쿨(cool)이었으면 어땠을까? 아마도 지금의 날카롭고 시원한 멘솔의 느낌에 대한 전달력이 다소 떨어졌을 것이고 좀더 평범한 브랜드 이미지로 남았을 것이다. 그러나 '쿨'이라는 단어의 발음을 유지하면서 초성의 이니셜을 강한 이미지의 'K'로 변화시키면서 뭔가 좀더 특별하고 감각적인 느낌을 주게 된다. 최근 재조명된 자연어는 쿨kool의 사례처럼 영어 사전상의 철자를 변화시키는 작업을 통해 새로움을 환기시키는 것이 바로 '새로운 옷을 입은 자연어 브랜딩'이다. 즉, 자연어 자체의 음감을 유지하되 형태를 변형시켜 새로운 의미로의 확장을 시도한 것이다.

삼성카메라 블루VLUU는 제품디자인 컨셉에서 연계된 컬러이미지 블루Blue를 전면으로 부각시켜 브랜드로 채택하되 자연어 블루

쿨(kool)이 아니라 쿨(cool)이었다면 어떤 결과가 찾아왔을까?

새롭게 조명된 자연어 브랜드들 – 블랙, 붐, 블루, 오썸, 아프리카, 쿡

의 철자가 아닌 'VLUU'로 변환하면서 컬러 이미지로만 제한되는 의미를 한층 더 확장시켰다. 'Vividly LUving U'라는 문구를 슬로건으로 병기해 현재를 즐기고 자신을 표현하는 도구로서 카메라가 지향하는 가치를 담았다. 같은 블루^{Blue} 컨셉을 가지고 있는 현대자동차 애프터 마켓$^{after\ Market}$ 브랜드는 블루 서비스$^{BLU\ service}$이다. 블루 서비스는 현대자동차의 기업 컬러인 '블루'와 자신을 연계시키면서 고급감과 서비스 마인드를 상징한다. 또 자연어 Blue를 'BLU'로 변형해 각각 이니셜 B^{Best} L^{Loyalty}, U$^{for\ You}$에 브랜드가 지향하는 가치를 담아냈다.

삼성네트웍스의 인터넷 전화 역시 와이즈 070이라는 브랜드를 채택하면서 영문 형태를 'Wyz'로 적용하여 자연어의 밋밋함과 제한성을 탈피하고 있다. 또 패션시계 브랜드 '오썸$^{O'some}$'은 다분히 스타일과 관련한 키워드 'Awesome$^{구어:아주\ 멋진}$'을 연상시키면서 표현상으로는 발음을 단순화시킨 형태인 '오썸$^{O'some}$'을 적용하여 'Oh Something Special'의 의미를 전달한다.

세계 최대의 HD네트워크 브랜드 '붐'은 자연어 'Boom'의 음감을 통해 왁자지껄하고 흥겨운 방송 분위기를 연상시키면서 HD의 핵심 베네핏인 'Vivid'의 개념을 결합하여 'VOOM'으로 철자를 변형하였다. 역시 뉴미디어 인터넷 방송 브랜드인 '아프리카^{Afreeca}'는 아프리카^{Africa}를 연상시키는 브랜드네임으로 주목성을 끌어내고 'A Free Casting'이라는 의미를 심어놓았다.

이처럼 새롭게 환기된 자연어의 적용을 통해 쉽지만 강한 하나의 키워드를 특별하게 소유하는 표현 전략을 읽을 수 있다. 코카콜라가 출시한 커피 첨가음료 '블랙^{Blak}' 역시 자연어 Black의 철자를 좀더 강렬한 이미지로 단순화한 케이스이다.

자연어를 축약하여 상징성을 높인다

새롭게 등장한 자연어의 변신 트렌드의 또 다른 패턴은 축약이다. 자연어가 갖는 명확한 의미 전달력을 확보하되 보여지는 자연어의 형태는 짧게 축약하여 시각적인 호기심을 유발시키는 것이 브랜드 전략상의 포인트이다. 해외에서 긴 철자의 영어단어를 모음탈락시켜 축약하는 것은 흔하게 발견할 수 있다. 파크웨이^{Parkway}를 Pkwy.로, 애비뉴^{Avenue}를 Ave.로, 스트리트^{Street}를 St.로 표현한다. 그런가 하면 인터넷과 휴대폰 사용의 폭발적 증가로 인해 이메일, 메신저 등에서 신속하고도 간단한 커뮤니케이션을 하는 용어나 문장이 축약되는 현상도 나타나고 있다. 메신저에서 두드러지는 축약의 경향은 See를 C로, For를 4로 표기하는 등 동일 발음의

메신저 = 축약 = icq라는 카테고리의 대표성을 확보하고 있다.

짧은 이니셜이나 숫자를 활용하거나 MSG^{messenger}, PLS^{please}, SPK^{Speak} 등과 같이 모음을 축약시키는 방법이 있다.

이런 경향은 심지어 문장을 축약시켜 PRW^{Parents Are Watching}, BHL8^{Be Home Late}, A3^{Any time, Any where, Any place} 등의 발전된 형태로 이어지기도 한다. 이러한 축약의 트렌드는 커뮤니케이션을 더 빠르고 심플하게 하기 위한 것이며 그 과정에서 느껴지는 공감대와 재미를 추구하는 것이다.

일상생활에서의 축약 패턴은 브랜드에도 등장하고 있다. 축약형 커뮤니케이션이 대세인 메신저 브랜드로 icq가 등장한 것은 놀라운 일이 아니다. 메신저 대화가 용어화된 문장인 'I seek you'를 연음시켜 동일 발음의 이니셜로 간략하게 표현한 것이 메신저의 핵심개념을 담는 대표 브랜드가 된 것이다. icq는 3字의 이니셜을 통해 시각적 브랜드 이미지는 매우 간결하게 유지하면서 'I seek you'라는 핵심 메시지를 담아냈다. 또한 메신저 활동상의 축약 패턴을 브랜드 자체에 적용하면서 메신저 카테고리의 대표성을 확보하고 있다.

모토로라^{Motorola}의 경우 축약 브랜드를 시리즈화된 4字 알파벳으로 전개하면서 더욱 강화된 브랜드 시스템을 확보한다. 초슬림형 휴대폰 브랜드로 레이저를 런칭시키면서 자연어 Razor에서 모음 'o'가 탈락된 형태를 채택한다. 축약어가 일반적이지 않은 상황에서 레이저^{RAZR}는 국내 소비자들에게 '이걸 어떻게 읽어야 하나' 하는 곤혹스러움과 호기심을 주

MOTO**RAZR**
MOTO**KRZR**
MOTO**SLVR**
MOTO**PEBL**

모토로라에게 축약은 고유한 브랜드 스타일이 되었다.

축약은 기존 브랜드마저 새롭게 환기시킨다.
- 리복 BI 리뉴얼

면서 숨막히게 만들기도 했다. 브랜드의 기본적인 기능인 발음 용이성이 현저히 떨어지는 브랜드였던 것이다. 그러나 적절한 광고 커뮤니케이션을 통해 RAZR가 Razor의 축약이라는 인식이 생기면서 모토로라의 브랜드 스타일로 자리잡게 된다.

이후 모토로라^{Motorola}는 모토로라를 의미하는 MOTO와 4자로 축약된 브랜드를 시리즈로 적용하는 브랜드 전략을 추진하였다. 레이저^{RAZR}, 크레이저^{KRZR}, 실버^{SLVR}, 페블^{PEBL}을 통해 단순 속성을 표현하는 펫네임을 넘어선 하나의 모토로라 스타일을 구사하게 된 것이다. 이러한 전략들은 자연어의 강하고 명료한 이미지 위에 고유한 상징을 가미하겠다는 의도를 보여준다. 자연어의 사실적인 어감은 극대화하면서 메시지는 단순화하고 이미지는 고도화하겠다는 의도이다.

축약 브랜딩은 기존에 알고 있던 자연어를 새롭게 환기시킬 뿐만 아니라 이미 인지된 브랜드를 새롭게 환기시키는 전략으로도 사용된다. 리복^{Reebok}은 브랜드 리뉴얼$^{Brand\ Renewal}$을 추진하면서 BI를 기존의 'Reebok'에서 'RBK'로 바꾸었다. 즉, 'Reebok'에서 모음들을 모두 축약시킨 것이다. 리복의 이러한 축약은 소비자들이 기존의 'Reebok'에 대해 이미 알고 있다는 것을 전제로 한다. 자연어를 변형시켜 새롭게 환기시키듯이, 모두가 알고 있는 'Reebok'에 모음 축약이라는 변화를 줌으로써 상징성을 높이고 개성을 부여한 것이다.

직관적인 이끌림을 유도한다

자연어의 활용이 이처럼 형태상의 자극을 추구하는 것은 결국 커뮤니케이션을 보다 효율적으로 하기 위한 고민에서부터 출발한 것이다. 다양한 매체를 통해, 거리에서, 지하철에서, 심지어 할인점 카트 손잡이에 이르기까지 소비자의 눈이 머무는 수많은 곳에 광고와 브랜드가 쏟아지고 있다. 관건은 얼마나 빠른 시간 안에 소비자의 인식 속에 의도했던 메시지를 심을 수 있는가, 또 그 인식 속에 얼마나 오랫동안 머물게 할 수 있는가이다.

그러기 위해서는 뭔가 심플하면서도 독특한 장치가 필요하다. 따라서 자연어가 주는 편안하고 명확한 메시지를 그대로 전달하면서 독특한 형태로 소비자를 자극하는 방법을 취하는 것이다. 델타항공의 옥외광고 사인Sign의 카피에 주목해보자.

메시지를 단순 명료하게 전달하고 싶지만 정보를 전달할 수 있는 공간이나 소비자의 눈을 끌 수 있는 시간은 한정되어 있다. 델타항공의 옥외광고는 광고문안 자체를 축약어로 표기해 거리를 지나가거나 심지어 운

축약으로 시선을 사로잡는 델타항공의 옥외광고
- "CHANGE IS: TXTING U UR FLT STATUS (변화: 예약 상황을 문자로 알려드려요.)"

전 중인 소비자에게도 한 번 더 눈이 가도록 만드는 효과를 기대하고 있다. 자연어를 독특한 형태로 표기하는 것은 소비자에게 직관적으로 브랜드의 개념을 전달하면서도 일반적인 자연어의 밋밋함이 아닌 새로운 형태의 자극을 통해 주목을 유도하는 전략이다.

'차별화'는 단순히 여태까지 보지 못했던 독특한 것만을 추구하는 것이 아니다. 누구나 수긍하는 하나의 핵심적인 진실을 어떻게 효과적으로 환기시켜 보여주느냐에 진정한 차별화의 길이 있을 수 있다. '좀더 색다른 그 무엇'을 찾아 이리저리 헤매지 말고 등잔 밑에 가려져 있는 작은 진실에 눈을 돌려볼 필요가 있다. 거기엔 종종 화려하진 않지만 어떤 미사여구보다도 강한 울림이 있다. 눈앞에 있는 올바른 것을 찾아내어 명확하게 보여주는 것이 어쩌면 궁극적으로 소비자들이 브랜드에 바라는 것일 수도 있다.

정보 과잉, 브랜드 경험 과잉의 시대를 사는 소비자에게 브랜드는 단지 커뮤니케이션이 아니라 수많은 브랜드 정보들 속에서 하나의 이정표이다. 편안한 이정표로서 끊임없이 소비자를 자극하고 새로운 상상력을 불러일으키며 자연스럽게 소비자의 생활 속에 녹아드는 새로운 자연어 브랜드의 가능성을 기대해본다.

TREND 4 원 컨셉 브랜딩

한 가지 컨셉으로
승부한다

영어에 '제티슨Jettison'이란 단어가 있다. 난파 위기에 처했을 때 모든 화물을 주저 없이 바다에 던져 배의 무게를 줄이는 것을 뜻한다. 승객의 생명을 제외한 아무리 값비싼 물건이라도 폐기하는 게 원칙이다. 화물을 바다에 내던져 배의 무게를 줄이고 속도를 높여야 하는데, 이때 선장은 바다에 던져야 할 것들을 신속하게 결정해야 한다. 가장 무거운 것, 가장 무가치한 것, 없어도 되는 것들을 바다에 과감히 던져야 한다. 이것을 흔히 '제티슨Jettison'이라고 부른다. 브랜드에도 제티슨Jettison을 해서 가장 중요한 하나만을 남긴 원 컨셉One Concept 브랜드들이 있다.

만약 브랜드에 단 하나의 핵심만을 남긴다면 그것은 어떤 것일까? 제티슨Jettison을 해서 사람의 생명만을 남겨놓듯이 브랜드에서도 생명에 해당하는 절대적인 것을 남겨야 할 것이다. 지나치게 많은 것을 표방하거나 너무 어렵다 싶은 것은 모두 버려야 한다. 시간이 지나도 변치 않을, 마지막까지 남을 핵심 가치만을 남겨야 한다. 원 컨셉One Concept으로 승부하는 전략은 브랜드가 너무 많아서 오히려 선택할 브랜드를 찾지 못하는 소비자들에게 던지는 확실하고도 과감한 사인이 된다.

하나의 기본 속성에 집중한다

핵심 하나만 남겨 브랜드를 구성할 때 가장 기본적인 속성만을 붙잡고 있어도 괜찮을까? 너무 기본적인 원 포인트One Point 속성을 브랜드로 채택하는 전략은 때론 위험해 보이기도 한다. 장기적으로 브랜드의 힘을 유지하기 어렵기 때문이다. 그러나 기본적인 속성이라도 실제로 그것이 제품의 장기적인 방향과 맥을 같이 하는 핵심적인 요소이고 감각적인 브랜딩으로 소화할 수 있다면 그 효과가 또 남다를 수 있다. 대부분 구매의 짧은 순간에 브랜드 간의 차이점을 비교하게 된다. 처음 순간 끌리는 것은 디자인 등의 이미지 요소이지만 최종 구매에 있어서는 기능적 차이, 사용상의 편리성 등을 꼼꼼히 살피게 된다.

락앤락Lock & Lock은 밀폐용기의 가장 기본적 속성인 '강력한 밀폐성'을 그대로 드러낸 브랜드이다. 'OO락' 형태의 경쟁 브랜드가 다수 존재하는 가운데에서도 유난히 돋보이는 것은 실제 제품의 물리적 특성에서 이중 밀폐를 실현해주기 때문이다. 제품에서 가장 큰 특징으로 가시화되는 요소를 극대화하여 원 포인트 컨셉으로 전개한 힘이 느껴지는 대목이다. 제품의 종류가 밀폐용기 중심에서 보관용기, 수납용품, 조리용품까지 확대되었고 실제 이중잠금 용기는 이제 전체 제품으로 보면 일부분에 해당되는데 여전히 락앤락은 확장된 제품류를 대표하고 있다.

가장 핵심적인 하나의 소구 포인트를 브랜드에 직접 과감하게 담은 주류 브랜드로서 두산의 '처음처럼'을 살펴볼 수 있다. '처음처럼'은 19.5도의 부드러움으로 다음날의 숙취해소에 좋다는 속성에 집중한 브랜드이다. 이 역시 속성 차원의 브랜드이지만 단순한 핵심 하나를 잡아 이를 더

단 하나의 중요한 속성으로 승부한다. – 락앤락, 처음처럼, KT안

욱 세련화, 개성화할 수 있는 전략적 선택으로서 신영복 교수의 문학작품의 제목을 도입해 새로움을 주었다.

  KT의 집전화 '안^{ann}'은 휴대폰과 대별할 수 있는 특징 하나를 브랜드에 담은 경우이다. 휴대폰은 언제 어디서나 가능한 이동성, 즉 모바일의 개념이고 이에 대응하는 집전화는 집 '안'의 전화이다. 휴대폰 사용 인구가 유선전화 가입자를 넘어서면서 유선 기반의 KT가 낸 대응책 중 하나로 집에서 유선전화로도 더 싸고 편리하게 휴대폰의 문자서비스 등을 누리게 하는 서비스이다. 따라서 휴대폰의 '모바일'에 대응할 수 있는 단순하고 확실한 하나의 핵심인 '안^{ann}'을 브랜드로 잡아 '집에 들어와서는 집전화'를 커뮤니케이션하고 있다. 이 역시 핵심적인 원 컨셉을 추구하고 있지만 허무하리만치 단순하고 감각적인 언어적 표현을 통해 새로움을 전달한다.

궁극적인 가치 하나를 바라본다

  가장 핵심이 되는 속성, 마이크로의 관점으로 접근하는 방법도 있지만 반대로 가장 큰 가치를 원 컨셉$^{One Concept}$으로 전개할 수도 있다. 사실 가질 수만 있다면 그 누구나 소유하고 싶어하는 최상위의 가치, 궁극의 목표점을 원 포인트One Point로 잡는 것이다.

　수많은 개별 브랜드들이 주도하는 복잡한 음료시장에서 웅진식품의 '자연은'이 던져준 편안함, 더 커진 신뢰를 떠올려보자. 다양한 과실음료를 포괄하는 패밀리 브랜드로서 '자연이 만들어준 은혜'를 의미하는 '자연은'은 '사람도 자연, 바람도 자연, 자연은 천천히 천천히', '자연은 …하다'라는 식으로 다양한 커뮤니케이션을 전개하고 있다. 어떤 과장이나 꾸밈보다는 누구나 수긍할 수 있는 궁극적인 가치를 정직하게 풀어내는 이러한 화법이 오히려 더 큰 믿음과 관심을 불러온다.

　고급화 전쟁이 가속화되고 있는 아파트 시장에서 대우건설 푸르지오Purgio가 던져준 신선함은 메시지가 단순했기 때문에 더욱더 효과 있게 느껴진다. 푸르지오는 주거와 관련하여 푸르른 삶, 푸르른 환경을 만들겠다는 쉬운 메시지를 자연스러운 톤으로 단순하게 전달한다.

　이처럼 원 컨셉One Concept을 궁극적인 가치로 대변할 때 좋은 점도 있지만 우려되는 점도 있다. 너무 포괄적인 지점을 겨냥하게 되어 자칫 밋밋해 보이거나 '나만의 것'이라기에는 너무 큰 그릇을 잡았다는 느낌을 줄 수 있다. 이에 대한 보완적 장치를 마련할 때 더욱 탄탄하게 원 컨셉One

소유하고 싶은 하나의 궁극적인 가치를 표현한다. - 웅진식품 자연은, 대우건설 푸르지오

원 컨셉 브랜드도 시리즈화하고 있다. - 삼성생명 Future 30＋, Freedom 50＋

Concept을 지지할 수 있는 것이다. 그래서 웅진의 '자연은'의 경우 '자연은 90일 토마토', '자연은 790일 알로에', '자연은 365일 오렌지 100' 등 과일들의 가장 맛있는 자연 숙성 기간을 브랜드와 함께 표시하여 믿음을 더하고 브랜드를 체계화한다. 푸르지오의 경우 한글로 푸르지오를 표현했을 때 특별하지 않은 누구나 하는 이야기처럼 들리는 흔한 이미지를 영문화와 세련된 BI디자인을 통해 극복하고 있다. 푸르지오 박스 안에 Prugio 영문과 P이니셜이 풀잎처럼 전개되면서 '푸르지오'를 세련되게 인식시켜주는 것이다.

최근 삼성생명의 세대별 보장자산, 연금자산의 브랜드는 이러한 원 컨셉을 시리즈화하면서 좀더 체계적으로 접근한다. 금융상품을 통해 소비자들이 얻는 궁극적인 효익Benefit을 30대에게는 '미래Future'로, 50대에게는 '자유Freedom'로 직접 제시하면서 군더더기 없이 명확한 핵심을 단순하게 던진다. Future 30+, Freedom 50+로 원 단어One word와 숫자만으로 강한 메시지를 던진다. 달라진 라이프스타일을 고려할 때 보험에서 추구하는 가치가 소비자들로 하여금 직관적으로 수긍하게 만들고 있다. 30대? '미래를 대비해야지', 50대? '그래, 이제 좀 자유로워져야지…'라는 직관성을 발휘하면서 세대별 보험상품의 포트폴리오를 자연스럽게 그려준다.

나만이 가질 수 있는 그 하나를 남긴다

원 컨셉One Concept 으로 과감하게 브랜드를 표현할 때 생각해야 할 것은 '정말 자사 브랜드에 맞는 강력한 하나의 컨셉인가?'라는 점이다. 원 컨셉의 매력은 단순함인데, 무조건 확보하고 싶다고 해서 자사와 매치가 안되는 컨셉을 채택했을 때 오히려 걸림돌이 될 수 있다. 그 누구도 뭐라 할 수

자신만이 가질 수 있는 에센스를 브랜드로 표현한다. - 더 팜

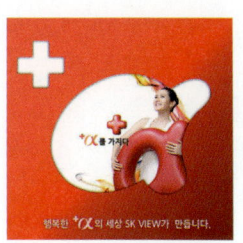 

View가 SK view만의 에센스가 될 수 있을까?

없는, 나만이 가질 수 있는 무언가를 원 컨셉 브랜드로 드러내는 것이 효과를 극대화하는 방법이다.

두바이의 '더 월드The World', '더 팜The palm'은 그곳에 조성되는 인공 섬의 형태를 반영한 브랜드이다. 여기에 어떤 다른 브랜드가 거론될 수 있겠는가? 이런 과감한 자연어 활용은 일종의 자신감의 표현이다. 자랑하고 싶은 것들이 많겠지만 여타 요소들은 배제하고 브랜드에 가장 궁극적인 에센스Essence만을 남기는 전략이다. 포장은 화려하지 않지만 가장 확실한 핵심만을 드러내 단순하게 이해시키고 차별화하는 것이다. 타운하우스 포레스트힐ForestHill에 들어서는 순간, '아! 이래서 포레스트힐을 원 컨셉One Concept으로 부각시켰구나'라는 수긍이 되어야 이 전략은 성공하는 것이다.

많은 아파트 브랜드들 가운데 담백하고 차분하게 원 컨셉을 표방한 브랜드 SK view는 일견 핵심을 잘 선택한 것처럼 보인다. 그러나 아파트의 특성상 '조망권'이라는 좁은 속성에 국한되어 '1층에 사는데 무슨 뷰가 있단 말이야' 등의 안들었어도 되는 불만을 들어야 하는 상황이 되었다. 또, 그렇다고 '뷰'가 아파트 상품의 궁극적 가치를 표방하고 있느냐 하면 꼭 그렇지만도 않다. 원 컨셉 브랜딩의 효과를 극대화하기 위해서는 제품의 특성과 목표를 잘 파악하여 가장 정점에 있는 요소를 찾아내는 것이 성공의 열쇠이다.

TREND 5 카테고리 브랜딩

카테고리 그 자체에 집중한다

브랜드가 하나의 카테고리Category를 소유한다는 것은 어떤 의미일까? 다수의 소비자가 어떤 특정 카테고리를 생각할 때 맨 처음 떠올리는 브랜드가 되었다는 의미일 것이다. 그러나 카테고리라는 것은 점점 더 세분화되기 마련이고 새로운 라이프스타일을 대변하는 다양한 카테고리들이 등장하기도 한다. 현재 내 브랜드가 이온음료 시장의 카테고리 대표 브랜드이지만 언제까지나 그 자리에 있을 수는 없다. 시장이 그것을 내버려두지 않기 때문이다. 지금은 이온음료 시장에서 1위로 있지만 미과즙 음료 시장과 같이 더 세분화된 시장들이 생겨나면 이온음료 시장은 잠식당하게 된다.

이러한 시장 상황은 음료시장이라는 거대한 시장을 모두 장악하는 대표 브랜드는 없다는 결론에 이르게 한다. 이는 또한 지금 비록 이온음료 시장에서 5위이지만 미과즙 음료시장에서는 1위를 할 가능성이 있다는 것을 의미한다. 결국 소비자의 트렌드와 라이프스타일의 변화를 제대로 읽어낼 수 있다면 누구나 세분화된 새로운 카테고리를 창출하고 대표 브랜드가 될 수 있다.

새로운 카테고리로 진입하는 상황에서 소비자들에게 설득력 있는 브랜드 전략들을 살펴보면 새로운 트렌드를 발견하게 된다. 세분화될 대로 세분화된 시장에서는 과거처럼 단순한 카테고리 구분이 아니라 카테고리 자체에 대한 단순한 메시지가 소비자들에게 어필하고 있다. 브랜드에 표현하고 싶은 것은 한도 끝도 없지만 복잡한 거 다 떼고 카테고리 자체에 집중했을 때 기대 이상의 임팩트와 대표성을 확보할 수 있다.

브랜딩 전략 1. 기존 카테고리어에서 출발한다

불과 10년 전만 해도 생각지 못했던 제품들과 서비스들이 쏟아져 나오고 있다. '여러 가지 몸에 좋은 차가 섞여 있는 혼합차'라는 카테고리를 어떻게 설명해야 할까? 많은 소비자들은 "'17차' 같은 거 있잖아"라고 설명할 것이다. 새로운 카테고리를 인식시키는 브랜드가 복잡해서는 안된다. 최대한 간결하고 핵심적인 내용이 담겨야 한다. 일단 세분화된 카테고리에 대한 정보가 전무한 상태이므로 새로운 카테고리의 실체를 정의해줄 적절한 장치가 필요하다. 가장 빠른 길은 소비자들이 이미 알고 있는 기존 카테고리어語에서 출발하는 것이다. 이해도가 높은 기존 카테고리어의 일부를 가져와 넓게는 기존 'OOO'라는 카테고리 내에 있지만 '새롭게 정의된 OOO'라는 인식을 심는 방법이다.

사람의 인식체계는 기존 인식들이 공고하게 자리잡고 있어 새로운 것, 새로운 시도에 대한 수용이 더디기 마련이다. 따라서 웬만한 충격이 주어지지 않고서는 기존 인식체계를 비집고 들어가 "그것보다 이것이 어때?"라는 제안에 선뜻 마음이 움직여지지 않는다. 그렇다면 무작정 장황한 설명을 통해 '완전히 새로운 그 무엇'임을 던질 게 아니라 소비자에게 익숙한 사고의 길로 접근하는 것이다. 즉, 사람들에게 익숙한 기존 카테고리어를 활용하여 새로운 카테고리를 자연스럽게 인식시키는 것이다.

'식초'라는 카테고리는 그저 새콤한 맛을 내는 조미식초가 지배적이었다. 극히 일부 사람들만이 건강을 위해 식초를 물에 희석시켜 복용하고 있을 뿐이었다. 오랜 기간 조미식초로만 인식되던 식초를 음료로 인식시키기에는 많은 시간과 노력이 필요한 것처럼 보였다. 그러나 웰빙 라이프 스타일, 건강음료 선호 풍토와 맞물려 식초 음료에 대한 관심이 단시간에 증가하자 음료용 식초가 출시되기 시작했다.

CJ는 '식초'라는 기존 카테고리어를 직접 브랜드에 활용하되 '예뻐지는 식초음료'라는 의미를 담아 '美초'로 표현하면서 카테고리를 새롭게 정의하였다. 또한 초기 식초건강법으로 시작된 식초음료의 활용도를 확장시켜 건강 타깃뿐 아니라 젊은 여성 중심의 다이어트 타깃을 흡수했다.

최근 대상의 국물 전문 소스 '국鮮生'의 경우도 기존의 '국'이라는 기존 카테고리어를 활용하면서 신선한 재료, 생생한 맛, 전문가의 솜씨 등의 이미지를 포괄적으로 대표한다. 그리고 요리의 대가를 표현할 때 '방배동 OOO선생'으로 지칭하는 것에 착안하여 '국물내기의 대가'라는 이미지를 정확하게 짚어냈다. '국물 전용'이라는 세분화된 시장을 접근하면서 카테고리를 지칭하는 용어인 '국'에서 출발하지만 국물내기의 최고 고수라는 의미를 만들어내 새로운 세분 시장을 대표한 것이다.

단일 재료의 차가 아닌 여러 재료가 믹스된 혼합차의 개념을 담은 '17차' 역시 '차'라는 카테고리 안에 있으면서 혼합된 재료들의 숫자를 결합하여 '혼합차'로서의 대표성을 표현했다. 17가지 몸에 좋은 차성분(뽕잎,

기존 카테고리어에서 출발해 새로운 카테고리 브랜드를 만든다. - 국선생, 17차, 도노 스튜디오

홍화씨, 녹차, 산수유, 메밀, 둥글레, 결명자, 구기자, 율무, 귤피, 영지, 치커리, 대맥, 상황, 옥수수, 현미, 차가버섯)을 한 병에 담은 혼합차의 카테고리를 확보한 것이다. '차'라는 기존 카테고리어에서 출발하지만 녹차, 구기자차, 결명자차 등과 같이 명확한 재료가 아닌 그저 17개의 차가 합쳐진 차로서의 이미지를 전달하였다.

CJ의 도넛까페 브랜드인 도노 스튜디오^{DONO STUDIO} 역시 도넛^{Donuts}이라는 기존 카테고리어를 활용한 경우이다. 'DONO'는 어원을 따져보면 이태리어로 '선물, 재능'을 의미하지만 다분히 도넛^{Donuts}을 단순화한 것이며, 모음인 'O'의 반복을 통해 도넛 모양을 암시한다. 도넛에 관한 흥미롭고 크리에이티브한 작업이 계속되는 곳이라는 이미지를 전달하는 도노 스튜디오는 이미 누구나 알고 있는, 그래서 새로울 것이 없는 카테고리어인 '도넛^{Donut}'에 새삼스럽게 집중함으로써 신선한 환기를 불러일으킨다.

브랜딩 전략 2. 카테고리 연상어를 활용한다

새로운 카테고리 브랜드를 만드는 또 다른 패턴은 카테고리어 자체를

iNAVI ---------- iriver NV

카테고리 연상어를 활용해 새로운 카테고리 브랜드를 만든다. - 아이리버 NV, 액츠

쓰지는 않지만 해당 카테고리를 연상시키는 용어를 활용하는 것이다. 유튜브$^{You Tube}$는 다양한 UCC$^{User Created Contents}$ 등을 접할 수 있는 동영상 공유 커뮤니티로서 '인터넷 방송국'이라는 새로운 매체로 자리잡고 있다. 사용자가 직접 영상 클립을 업로드하거나, 보거나, 공유하는 매체로서 '당신이 직접 참여하는 인터넷 방송'이라는 대표성이 브랜드에도 그대로 담겨있다. 이는 'TV'를 지칭하는 카테고리 용어인 '튜브^{Tube}'를 활용한 점에서 강하게 느껴진다. 이후 판도라TV, 아프리카, 곰TV 등의 등장에도 불구하고 가장 무게감 있고 대표성 있는 이미지가 유지될 수 있는 것은 브랜드 자체에서 이미 확보하고 있는 카테고리의 힘 덕분이다.

국내 시장에서 '네비게이션^{Navigation}' 제품을 대표하는 브랜드는 아이나비$^{i'navi}$이다. 네비게이션이라는 카테고리가 일반적이지 않았던 시장 초기에 카테고리어의 초성 2음절을 활용하여 새로운 카테고리를 대표하는 브랜드가 되었다.

아이리버^{iRiver}의 'NV'는 네비게이션이라는 제품이 대중화되는 무렵에 등장한다. 'NV'는 이 시점에서 다시 한 번 네비게이션 카테고리를 새롭게 환기시킨다. '네비게이션^{Navigation}'을 대표하는 2자의 이니셜 'NV'만으로 네비게이션 카테고리를 나타낸 것이다. 특히 'NV' 브랜드를 아이리버

iRiver의 하위 브랜드로 적용하는 전략을 통해 아이리버 PMP 중 네비게이션 기능이 있는 새로운 제품라인, 즉 'New Version'이라는 이미지를 전달한다.

세제 카테고리에서 더 세분화된 액체세제 브랜드로서 피죤의 액츠^{Actz} 역시 새로운 카테고리의 가장 큰 특성을 브랜드에 강하게 심고 있다. 액체세제여서 찌꺼기가 안 남고 찬물에 잘 녹으며 세척력이 강하다는 등의 여러 가지 특성과 효익이 있지만, 무엇보다도 '액체세제'라는 카테고리의 핵심에 집중한 것이다. '액체'라는 물성에 대한 정보를 강하게 전달하면서 'Act'라는 단어를 통해 강한 세척력의 이미지를 함께 표현하였다. 이는 액체세제에 대한 인식이 거의 전무한 초기 시장에서 액츠가 백 마디의 설명, 현란한 비유보다 더 강하고 확실한 이미지를 확보할 수 있게 하였다.

브랜딩 전략 3. 새로운 카테고리어를 창조한다

새로운 카테고리 브랜드를 만드는 또 다른 방법은 새로운 카테고리를 대변할 수 있는 가장 본질적인 단어, 즉 새로운 카테고리어를 선점하는 것이다. '쌀' 또는 '밥'이라는 카테고리어가 있지만 이러한 기존 카테고리어를 살짝 피해 '반(飯)'이라는 용어로 간편식 밥 카테고리를 대변하는 것이 그 예이다. '냉장고'라는 기존 카테고리에서 세분화된 '김치'냉장고를 대표할 수 있는 본질적인 단어로서 '김치'에 주목해 찾아낸 '딤채'도 새로운 카테고리어라 할 수 있다. 김치의 옛말인 '딤채'는 김치의 어감이 살아있으면서 김치를 보관하는 장소라는 이미지도 묻어난다.

햇반
간편식 밥 = 햇반

dimchae°
'김치'냉장고 = 딤채

TROMM
드럼식 세탁기 = 트롬

새로운 카테고리어를 창조해 카테고리 브랜드를 만든다. – 햇반, 딤채, 트롬

일반 세탁기 카테고리에서 세분화된 드럼형 세탁기 제품의 경우는 '드럼식'을 어떻게 브랜드에 녹일 것인가가 관건이었다. '드럼'이라는 본질적 가치에 주목하면서 여기에 견고함을 상징하는 독일의 국가 이미지를 부여한 브랜드가 바로 '트롬'이다.

이처럼 기존 카테고리의 인식에서 살짝 비껴가 세분화된 제품의 가장 근원적인 차별화 포인트에 포커스를 맞출 때 새로운 카테고리의 정의가 창조되는 것이다. 기존 카테고리 인식에 기대지 않는다는 것은 결국 세분화된 제품의 혁신성을 강조하는 것으로 해석할 수 있다. 기존 카테고리어로는 정의되지 않는 새로운 제품의 강점을 내세우는 것이다.

카테고리 자체에 집중하되 일반화의 늪을 주의하라

새롭게 세분화된 제품 혹은 서비스로 새로운 카테고리를 형성하고자 할 때 가장 중요한 점은 '얼마나 강하게 새로움을 인식시킬 수 있는가'라는 점이다. 이러한 새로움을 던질 수 있는 방법은 제품 혹은 서비스의 핵심 고객, 시장의 크기, 카테고리의 특성, 경쟁 상황에 따라 여러 가지가 있을 것이다. 하지만 방법과 전략은 다르더라도 궁극적으로 놓치지 말아야

카테고리에 집중하되 일반화의 늪에 빠지지 않는 것이 중요하다.

하는 것은 '단순하고 강력한 메시지 전달력'이다. 특히, 갈수록 복잡해지고 세분화되는 시장에서 '카테고리' 자체에 집중하는 것은 강력한 단순화 전략이 될 수 있다.

결국 기존 인식과 카테고리에 익숙해 있는 소비자들을 새로운 세분 시장으로 끌어들이려면 이 시장을 최대한 새롭게 보이게 하면서 간결하고 명확하게 인식시켜야 한다. 결국 소비자가 기존 카테고리에서 새로운 카테고리로 이동을 시도한다는 것은 그것에 대한 호기심과 기대를 채워보겠다는 의도이다. 이러한 소비자를 사로잡으려면 새로운 카테고리 브랜드는 자유로운 사고와 소비자의 공감을 끌어내려는 노력, 그리고 카테고리의 본질을 파고드는 진심이 있어야 한다.

한편 새로운 카테고리 브랜드를 만들 때에는 카테고리 자체에 집중하면서도 지나친 일반화를 경계해야 한다. 일반화된 접근은 후발 브랜드들과의 차별화 문제를 초래한다. 앞서 살펴본 식초음료 사례가 대표적인 경우이다. 대상의 '마시는 홍초'가 출시되자 우후죽순처럼 '그녀의 초심', '美초', '여인미 사과초', '마시는 홍삼흑초', '사랑초' 등이 연달아 나왔다.

'마시는 홍초'는 카테고리를 처음 여는 제품으로서 새로운 카테고리를 알리기 위해 용도나 속성에 대한 설명으로 브랜드를 설정해야 했다. 그래서 '마시는 홍초'가 되어 소비자들이 쉽게 카테고리를 인식할 수 있게 했지만 이를 응용한 후발 브랜드들의 출시를 막을 수는 없었다.

반면 CJ의 '美초'는 다이어트 시장에 좀더 포커스를 맞추면서 한 단계 발전된 카테고리를 노렸다. '美초'는 다양한 용도나 첨가물 등으로 브랜드를 확장할 경우에도 탄력적인 대응이 가능한 브랜드였다. 이처럼 카테고리 브랜드는 용도를 설명해주는 것에서 한 발 더 나아가 향후 활용성을 짚어볼 필요가 있다.

PART 2

Story

스토리로
소비자를
사로잡는다

TREND 6 구체물 브랜딩
구체물을 활용하여 메시지를 재창조한다

TREND 7 지명 브랜딩
지역 이미지를 브랜드에 반영한다

TREND 8 인용 브랜딩
일부를 인용하여 전체의 스토리를 얻는다

TREND 9 반어적 브랜딩
생각을 전환하면 브랜드가 보인다

TREND 10 중의 브랜딩
두 배로 풍부한 연상을 만든다

TREND 11 넌컨셉 브랜딩
마음대로 상상한다

TREND 12 시리즈 브랜딩
시리즈로 확고한 아이덴티티를 구축한다

Story

브랜드와 고객 간의 공감대를 형성하고 지속적인 관계를 유지하기 위해 '스토리'를 창조하는 것이 하나의 브랜딩 트렌드가 되고 있다. PART 2에서는 브랜드에 스토리를 심고 고객을 사로잡는 7가지 유형을 소개한다. 소비자들이 '아하!' 하고 고개를 끄덕일 수밖에 없는 스토리를 만들어내는 브랜드들을 살펴본다.

우선 기존의 무형 자산이나 스토리를 최대한 활용하는 브랜드들이 있다. 잘 알려진 구체물의 이미지를 활용해 새로운 메시지를 창조하는 브랜드, 잘 알려진 지역 이미지를 자신과 연계시키는 브랜드, 시나 속담, 격언의 일부를 인용해 그와 관련된 배경 및 스토리 전체를 가져오는 브랜드가 거기에 속한다.

또한 역발상을 통해 브랜드 표현의 고정관념을 깨는 브랜드나 이중 연상을 유도하는 브랜드도 일종의 스토리 효과를 활용한 브랜드들이다. 스토리 전개에 있어서도 도화지에 고객 마음대로 원하는 그림과 스토리를 펼칠 수 있도록 하는 넌컨셉 브랜드가 있는가 하면, 어떠한 주제와 컨셉을 가지고 일관되게 시리즈로 전개하는 브랜드들도 있다.

스토리를 '텔링'하는 브랜드가 중요한 트렌드로 자리 잡고 있다. 이제 스토리를 어떻게 발굴하고, 발굴된 소스를 어떻게 브랜드로 표현하고, 그리고 개발된 브랜드는 어떻게 스토리를 전개하는지에 관해 살펴보도록 하자.

TREND 6 구체물 브랜딩

구체물을 활용하여
메시지를 재창조한다

　아래 그림은 초현실주의 화가 르네 마그리트Rene Magritte의 유명한 작품이다. 캔버스에 달랑 파이프 하나 그려놓고 '이건 파이프가 아니다'라고 말한다. 도대체 무슨 소리를 하고 싶은 건지 알 듯 모를 듯하다. 설명에 의하면, 이것은 '파이프'라는 구체적 사물이 아니고 '파이프'를 그림으로 '재현'한 것일 뿐이며, 그 재현이 바로 '재창조'를 의미한다는 것이다.

　우리 주위에도 이와 비슷하게 구체적 사물을 '브랜드'로 재현하여 새로운 브랜드 이미지로 재창조하는 사례들이 있다. 하지만 르네 마그리트처럼 무엇을 말하고자 하는지 애매한 것이 아니라 그 구체적 사물이 가지고 있는 생생한 이미지를 적극적으로 활용한다. 다시 말해 르네 마그리트가 기표(보여지는 것)와 기의(의미하는 것) 간의 이해하기 어려운 엇박자를 의

'이건 파이프가 아니다', 르네 마그리트, 1948

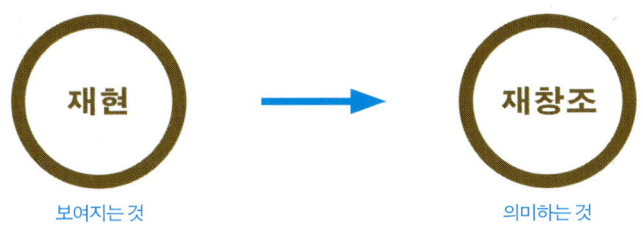

도했다면, 구체물을 활용한 브랜딩에 있어서는 기표와 기의 간의 절묘하고 적절한 화음을 유도하고 있다는 것이다. 예술은 어려워도 되지만, 브랜드가 어렵다는 건 소비자의 외면을 의미하기 때문이다.

물론 과거에도 구체물을 활용한 브랜드들은 존재하였다. '오뚜기'나 '애플Apple' 같은 브랜드들도 구체물을 심볼로 활용한다. 하지만 이들의 구체물은 단지 브랜드를 식별하는 기능에 초점이 맞춰져 있다. 사과를 보면서 컴퓨터의 특별한 기능이나 혜택을 직접적으로 연상하지는 않는다. 이에 반해 최근의 경향은 구체물이 가진 속성이나 상징적 메시지를 보다 적극적으로 제품이나 서비스와 연계함으로써 브랜드 메시지와 이미지를 구체화시키는 데 주력한다.

그렇다면 근래의 구체물을 활용한 브랜드들은 고객과의 커뮤니케이션에서 어떤 방식으로 메시지를 만들어내고 이를 전달하고 있을까? 구체적인 사례들을 보며 확인해보자.

상황을 눈앞에 그리듯 묘사한다
– 관계성의 시각적 상징 '투체어스(Two Chairs)'

'투체어스'는 우리은행의 PB^{Private Banking} 브랜드이다. 2003년 국내 최초

의 온라인 PB 서비스였던 '노블닷컴'을 대체하며 오프라인까지 확장한 서비스이다. 그런데 왜 의자Chair일까. 그것도 한 개가 아닌 두 개!

쉽게 예상할 수 있듯이 두 개의 의자는 마주보고 앉은 프라이빗 뱅커와 고객을 의미한다. 두 개의 의자라는 구체물이 브랜드를 통해 재현되었을 때, 고객의 머릿속엔 은행에서 1:1로 마주앉아 컨설팅과 서비스를 제공받는 이미지가 남게 된다. 이러한 상황 묘사를 통해 은행은 PB 서비스에 담은 브랜드 메시지를 심플하고 명확하게 전달한다.

이는 전신인 '노블닷컴'이나 경쟁사인 국민은행의 PB 브랜드인 '골드앤와이즈Gold & Wise'가 타겟의 고급스러운 이미지를 노블이나 골드와 같은 단어로 직접적으로 표현하고 있는 것과는 분명히 대별된다. 물론 직접적 표현 방식은 별다른 부가설명 없이도 비교적 쉽게 메시지를 전달한다는 장점이 있다. 쉽고 단번에 소비자를 이해시키는 것은 분명 브랜드가 가져야 할 중요한 덕목이지만, 때로 1차원적인 표현방식의 비슷비슷한 브랜드들은 쉽게 이해되는 만큼이나 쉽게 묻혀버릴 수 있다는 단점이 있다.

반면 '투체어스'는 1:1이라는 서비스의 원관념을 구체물을 통해 간접적으로 묘사하는 방식을 취한다. 이러한 브랜드 수사법은 서비스의 특성을 1차원적으로 표현하는 브랜드 메시지 전달 방식의 식상함을 제거하고, 세련된 어법을 통해 브랜드를 새롭게 느끼게 하고 오래 각인시키는 효과를 지닌다. 짧은 시간 내에 이해시킬 것인가, 오랫동안 머리에 인상적으로 남게 할 것인가의 선택에서 '투체어스'는 후자를 택했다고 볼 수 있다.

구체물의 속성을 적극적으로 대입한다
– 다양한 문어발 서비스, '옥토(OCTO, 沃土)'

"귀여운 문어 한 마리가 태어났습니다."

광고 카피처럼 정말 귀여운지는 보는 사람마다 다르겠지만, 우리투자증권의 종합자산관리상품 브랜드인 '옥토'는 문어^{Octopus} 캐릭터를 전면에 내세우며 인상적으로 등장하였다.

캐릭터 광고는 소비자에게 친근함을 주고 메시지 전달 효과도 뛰어나 여러 브랜드에서 이미 많이 활용되어왔다. 하지만 '옥토'의 문어가 코카콜라의 북극곰이나 참존화장품의 청개구리와 다른 점은 캐릭터화된 구체물이 지닌 속성이 브랜드의 메시지를 직접적으로 설명한다는 것이다. 8가지 금융기능을 갖춘 상품임을 8개의 다리를 가진 문어로 빗대어 표현하고 있기 때문이다. 물론 다양한 서비스를 제공하여 고객을 기름진 땅, 즉 옥토^{沃土}로 인도한다는 또 하나의 의미도 있지만 기본적으로 문어발을 통한 연상이 우선하고 있다.

문어발은 다각성이나 확장성의 의미를 내포한 관습적 언어이다. 문어발식 경영이나 문어발 배당 등 부정적인 어감으로 사용되기도 하지만, 의미 전달력만큼은 매우 확실하다. 이제 마케터는 '옥토'라는 브랜드를 통해 고객의 머릿속에 문어 한 마리만 그려 넣으면 된다. 그 후엔 굳이 고객

우리투자증권의   ECMD의 프리미엄 급식   한화푸디스트의 프리미엄
종합자산관리상품, 옥토   서비스, 오투테이블   푸드코트 브랜드, 골든플레이트

에게 '다양한 기능의 서비스를 모아놓은 상품'이라고 구구절절 설명하지 않아도 된다. '문어발 같은 서비스'가 기억에도 오래 남고 이해하기도 쉽다. 연상되는 구체물의 속성이 서비스의 속성과 딱 맞아 떨어지기 때문에 가능한 일이다.

체감할 수 있는 연상을 유도한다
— 맑고 깨끗함을 기대하게 하는 '오투테이블(O_2Table)'

몇 년 전 수천 명의 학생이 집단 식중독을 일으켰다는 뉴스가 연일 신문 헤드라인을 차지한 적이 있었다. 이때 영세 위탁 급식업체뿐 아니라 급식시장의 절반을 차지하고 있는 대기업 계열의 업체들에 대해서도 소비자들의 불신이 생겨났다. 더군다나 로하스와 웰빙 트렌드로 소비자의 먹거리에 대한 눈높이가 나날이 높아지고 있는 시대이다.

이렇듯 위생과 청결에 대한 질적 성장을 강하게 요구하는 위탁 급식 서비스 브랜드라면 무엇보다 중요한 것은 신뢰감을 전달하는 것이다. 대기업 계열의 업체들이 모기업의 보증을 통해 신뢰감을 확보해오던 방식은 그간의 급식 위생 사고로 다분히 힘을 잃었다. 이러한 시장 환경 속에서 ECMD는 새롭게 개별 브랜드를 통한 고객 신뢰 축적의 길을 선택하였다. 그리고 '자연건강 생활기업'이라는 모기업의 기치에 따라 친환경과 로하스를 강조하며 등장한 프리미엄 급식 브랜드 '오투테이블'에는 식탁 ^{Table}이라는 구체물이 커뮤니케이션의 구심점이 되고 있다.

그런데 그냥 식탁이 아니다. 산소(O_2) 같이 깨끗한 식탁이다. 산소같이 깨끗하다는 말이 어폐일 수도 있지만, 소비자는 산소를 통해 분명 깨끗함과 맑음을 연상하게 된다. 굳이 Organic과 Original의 의미를 담고 있다고 설명해주지 않아도 O_2로 수식되는 테이블이라는 단어만으로 깨끗한 식사와 생명력이 넘치는 유기농의 이미지를 느낄 수 있다.

먹는 행위를 대표하고 상징할 수 있는 구체물을 선택하고, 그 구체물에 긍정적 이미지를 수식함으로써 체감할 수 있는 연상을 불러일으키는 것이다. 일방적으로 우리의 서비스가 깨끗하고 위생적이라고 소리높이지 않아도, 머릿속에 그려지는 구체적인 연상을 통해 보다 효과적으로 소비자의 기대를 자극하고 있다.

구체물을 뛰어넘어 새로운 스토리를 창출한다

지금까지 언급된 브랜드들을 르네 마그리트 식으로 다시 얘기해보면 어떨까? 이것은 단순한 의자가 아니다. 그저 문어 한 마리가 아니고 단지 식탁 하나가 아니다. 의자는 특별한 고객과의 만남이 되고, 문어는 통합된 자산관리 솔루션을 말하며, 식탁은 깨끗함에 대한 기대이자 약속이 된다. 이렇듯 직접적으로 말하지 않아도 전달하고자 하는 메시지는 구체물을 통해 새롭게 재창조된다.

TWO CHAIRS woori private banking group   이것은 의자가 아니다.   특별한 고객과의 만남이다.

octo   이것은 문어가 아니다.   통합된 자산관리 솔루션이다.

O₂ Table   이것은 식탁이 아니다.   깨끗함에 대한 약속이다.

이제 구체물을 통한 비유가 소비자의 빠른 이해를 방해할 것이라는 우려는 살짝 접어도 좋다. 굳이 돌려서 말해도 커뮤니케이션상의 효율성이 크게 떨어지지는 않는다. 청각적 이미지에 더해 시각적 이미지를 획득함으로써 담고 있는 의미를 보다 선명하게 소비자의 머릿속에 각인시키기 때문이다. 브랜드가 소비자의 마음속에 자리 잡는 감성 아이콘Emotional Icon이라면 구체물을 통한 적절한 시각적 상징 요소는 소비자를 사로잡는 강력한 무기임에 틀림없다.

TREND 7 　지명 브랜딩
지역 이미지를
브랜드에 반영한다

해외여행이 그리 보편화 되지 않았던 시절엔 여러 나라의 지명과 역사를 공부하는 세계사 시간은 해외문물을 알 수 있는 유일한 기회였다. 직접 가보지 않았지만 각 나라의 수도나 유명한 지명들이 그리 낯설지 않은 이유이다. 브랜드에서도 전 세계 오대양 육대주에 있는 무궁무진한 지명을 활용하고 있다. 지명의 지리적 위치와 역사, 그리고 그곳의 스토리를 접목한 브랜드들은 이미 잘 포장된 선물과도 같다. 생소한 브랜드네임보다 한발 앞선 출발을 하는 지명을 활용한 브랜드들을 만나보도록 하자.

지역적 특성에서 오는 규모감을 부여한다
- amazon.com, afreecaTV

2007년 8월, 미국의 주피터 리서치Jupiter Research는 네티즌 3,500명을 상대로 최고의 온라인 브랜드를 뽑았는데 1위는 부동의 구글Google이, 2위는 야후Yahoo가, 3위는 인터넷 쇼핑몰인 아마존닷컴amazon.com이 차지하였다. 인터넷 포털사이트인 구글과 야후의 성격을 고려하자면 아마존닷컴

amazon.com

최초이자 최대의 인터넷 쇼핑 사이트 amazon.com

의 저력은 인터넷 사이트 중 최고라 해도 과언이 아닐 것이다. 우리나라에도 옥션auction이 국내 최초의 인터넷 종합 쇼핑몰을 구축하여 많은 사랑을 받고 있지만 세계 최초이자 최대의 인터넷 서점인 동시에 종합 쇼핑몰은 '아마존 닷컴'이 차지하고 있다.

　30세의 젊은 펀드매니저였던 제프 베조스Jeff Bezos가 1994년에 시작한 아마존닷컴은 인터넷 서점으로 시작하여 비약적인 성장을 하였다. 현재 300만 권 이상의 책을 보유하고 있고, 전 세계 220개국 2만 2000개가 넘는 웹사이트와 전략적 제휴를 통해 2000만 명이 넘는 고객을 확보하고 있다. 또한 주력 제품인 서적 외에도 음반, 의류, 주방용품, 장난감, 차량용품, DVD, 전자제품, 소프트웨어, 컴퓨터 등 생활에 필요한 모든 제품들을 다루고 있고 계속적으로 라인확장을 꾀하고 있다. 이런 아마존닷컴의 성공에는 여러 가지 요인이 있겠지만 '아마존 강Amazon River'을 그대로 활용한 명칭도 크게 한몫 했다. 남아메리카에 흐르는 세계 최대 규모의 아마존 강은 하류에 있는 섬만 천여 개에 이르고 바다처럼 조수의 간만과 파도가 친다고 한다. 이런 거대한 아마존 강의 규모를 명칭의 이미지로 그대로 활용한 제프 베조스 회장은 지명을 활용한 브랜드의 위력을 이미 알고 있었던 것 같다.

　미국에 아마존이 있다면 한국엔 아프리카가 있다. 아프리카afreecaTV는 기존의 나우누리 서비스를 제공했고, 피디박스와 클럽박스를 운영하

귀여운 TV 심볼이 눈에 띄는 아프리카

고 있는 '나우콤'의 새로운 인터넷 방송 브랜드로, 네티즌들이 개인의 취향에 맞는 채널을 만들어 서로 공유하고 방송도 하는 그런 인터넷 공간이다. '방송놀이 신대륙'이란 슬로건을 보더라도 정식 '방송'이 아닌 유저 User들을 위한 온라인 놀이터라는 것을 느낄 수 있다. 그러나 저작권에 위배되는 방송을 하는 유저들 때문에 논란의 소지가 있다. 각종 스포츠 경기나 드라마, 영화 등 고유의 저작권을 가진 컨텐츠들을 허락 없이 방송하는 것은 인터넷 방송문화에도 위배되는 행동이기 때문이다. 저작권 문제만 적절히 해결된다면 아프리카TV는 미국의 유튜브YouTube에도 밀리지 않는 훌륭한 전문 미디어 스페이스가 될 것이다.

근데 영문 스펠링이 좀 의심스러운 데가 있다. 원래 아프리카는 'africa' 인데 아프리카TV는 'afreeca'로 가운데에 'free'가 살아있다. afreeca의 본래 의미를 알아보니 'A Free Casting'의 약자라고 한다. 아프리카는 방송의 속성적 의미와 아프리카라는 미지의 신대륙의 이미지를 조화시켜 트렌드에 민감한 인터넷 유저들의 호기심을 자극하는 브랜드라 할 수 있다. 속에 숨어있는 뜻도 그렇지만 개척되지 않은 광활한 아프리카를 상징했다는 것에 더 큰 의미가 있다. 아직 시작 단계지만 유저들 사이에서 인기가 높아져 가고 있는 아프리카가 끼 많은 대한민국 젊은이들을 위한 인터넷 신대륙이 될지 많은 기대를 모으고 있다.

지역의 대표적인 제품 이미지로 품질을 보증받는다
– 로만손, 불가리아, 파리바게뜨

로만손을 처음 접했을 때는 국내 브랜드라곤 생각도 하지 못했을 정도로 브랜드네임이나 이미지가 해외 브랜드로 착각하기에 충분했다. 국내 시계업체들이 그랬던 것처럼 로만손도 초기에는 주문자생산방식 즉 OEM방식으로 제품을 판매하였으나 고유의 브랜드만이 장기적으로 회사를 성장시킬 수 있다는 것을 간파하고 '로만손Romanson'을 개발하게 되었다. 로만손Romanson이란 브랜드는 스위스의 북동부에 위치한 시계공업도시인 '로만시온Romancion'이라는 지명에서 유래하였다. '로만숑'이라 불리는 발음을 고려하여 '로만손'으로 바꾸고 당당히 대한민국의 시계브랜드로 태어나게 된다. 로만손의 CI는 특별히 스위스 유명 디자이너인 Wolfgang Jonsson에게 의뢰해 제작하게 하였는데 Romantic + Son, Roma + Mansion으로 양자 분리되고 디자인에서도 간결하고 심플한 서체와 심볼로 고급감과 세련미를 더해주고 있다.

스위스 작은 공업도시의 지명이 이렇게 세계로 뻗어나가는 브랜드의 명칭이 될 줄은 아마 상상하기 힘들었을 것이다. 스위스와 시계라는 연결고리에서 찾아낸 '로만손'은 지명의 활용이 특정제품에 얼마나 효과적인지를 보여준 중요한 사례이다.

로만손의 브랜드 파워를 실감하게 해준 사건으로 지난 2002년 세계시계이사국협회에서 스위스협회장으로부터 "스위스 브랜드 하나를 도둑질 당했다"는 조크Joke를 받기도 했다.

요구르트의 본 고장, 자연의 힘이 살아 숨쉬는 불가리아 유산균으로 만

스위스 산 초고가 명품 화장품, 스위스퍼펙션

매일유업의 불가리아 유산균 도마슈노

파리의 이미지를 차용한 파리바게뜨

스위스 CI 디자이너가 제작한 로만손 로고

든 정통 요구르트임을 강조하는 매일유업 도마슈노는 브랜드 명칭에 있어서 수난이 있었다. 처음에는 장수나라의 이미지가 강한 불가리아를 그대로 브랜드로 사용했으나 불가리스라는 브랜드를 보유하고 있는 남양유업이 소송을 걸면서 발효유 시장을 떠들썩하게 만들었다. 결국은 남양유업의 승리로 불가리아를 사용하지 못하게 되었고 현재의 도마슈노에 이르게 되었다.

1907년에 불가리아 요구르트와 장수의 관계를 과학적으로 입증하는 '장수이론 Theory of longevity'이 제기되면서 불가리아 요구르트가 세계적으로 널리 알려지게 되었다. 매일 도마슈노 요구르트는 불가리아에서만 서식하는, 불가리아 대자연의 선물인 불가리아 유산균으로 만든 요구르트로서, 브랜드에 있어서도 메인 브랜드인 도마슈노보다 오히려 수식어인 불가리아 유산균을 강조하는 브랜드 형태를 보이고 있다.

'빵'하면 가장 맛있을 것 같은 원산지는 파리로 특히 크라상과 바게뜨가 유명하다. 바게뜨를 손에 들고 거리를 다니면서 먹는 파리지엔의 모습과 파리 시내의 빵집 곳곳에서 퍼져 나오는 빵굽는 냄새가 연상되면서 식감을 자극하는 브랜드인 파리바게뜨는 카테고리의 대표성과 품질의 원산지 이미지를 극대화하면서 고급감을 더한 성공적인 사례라 할 수 있다.

광활한 자연을 달리고 싶은 욕망을 자극한다
― 베라크루즈, 산타페, 투싼, 쏘렌토

2006년 하반기에 현대자동차는 SUV를 뛰어넘는 LUV$^{Luxury\ Utility\ Vehicle}$ 개념의 신차인 '베라크루즈^{Veracruz}'를 출시했다. 이름만 들어선 무슨 배 이름 같은데 실제로는 멕시코 중동부에 있는 카리브해 최대의 항구이자 음악과 문화의 휴양지이다. 또한 멜 깁슨이 감독한 영화 '아포칼립토'의 촬영지로 유명세를 떨쳤으며, 최초의 신대륙 상륙지로도 알려져 있다. 그런 맥락에서 베라크루즈는 최고급 자동차 시장에서 신대륙을 열겠다는 현대자동차의 포부를 담고 있다. 명칭 자체에 규모감과 고급스러움이 자연스럽게 묻어 나오는 베라크루즈는 품질도 최고급으로, 미국의 자동차 전문지 〈Motor Trend〉로부터 동급의 렉서스^{Lexus} 모델보다 뛰어나다는 평가를 얻었다.

현대자동차에는 베라크루즈의 동생 격인 브랜드가 있는데 이 브랜드

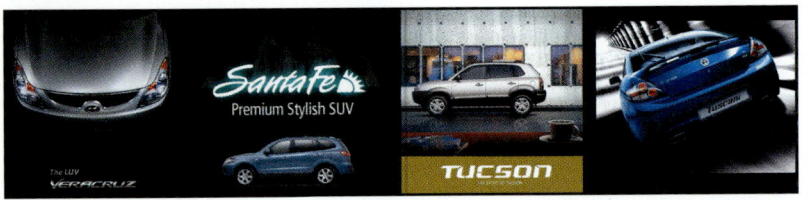

지명을 활용한 자동차 브랜드 – 베라크루즈, 산타페, 투싼, 쏘렌토

또한 지명에서 유래되었다. 이 브랜드는 2007년에 〈파이낸셜 뉴스〉와 리서치랩이 공동 주체한 브랜드 대상에서 SUV부문 최고 브랜드로 선정된 '산타페Santafe'이다. 미국인들도 좋아하는 산타페라는 말은 원래 미국 뉴멕시코의 주도州都로서 로키산맥 남쪽 고지대의 고대 푸에블로 인디언 거주지역이다. 산타페는 휴식과 레저로도 유명한 관광 중심지이기 때문에 일상에서 자유롭게 벗어나 여유를 즐길 수 있다는 자동차의 컨셉과도 잘 맞는다. 자동차와 휴양지의 결합이 효과적인 것은 자동차를 타고 대자연을 달려보고 싶은 욕망을 자극하기 때문이 아닐까 싶다.

위의 두 브랜드 외에도 지명을 활용한 자동차 브랜드들이 있는데 대부분 스포츠카거나 RV차량들이다. 광활한 대자연을 달리면서 느낄 수 있는 남성적 터프함을 브랜드 이미지로 가져가려는 의도를 읽을 수 있다. 현대자동차의 또 다른 SUV인 투싼Tucson은 미국 남서부에 있는 애리조나 주의 시 이름에서 유래하였고 투스카니Tuscani는 고대 로마 문명의 기원지였던 이탈리아의 지명에서 유래하였다. 기아자동차의 쏘렌토Sorento는 '돌아오라 쏘렌토로'라는 칸소네로 유명한 이탈리아의 항구 휴양지에서 이름을 빌려왔다.

지명의 활용으로만 끝나지 말고 실체를 부여해야 한다

지명을 활용한 브랜드들을 살펴보면서 지명과 관련된 히스토리[History]나 특성이 곧 브랜드의 스토리[Story]가 된다는 점을 발견하게 되었다. 그래서 지명을 활용한 브랜드의 책임감이 더욱 막중하다고 생각된다. 그 이유는 브랜드를 통해 그 지역을 알아가는 소비자들도 있기 때문에 그 고유의 색깔과 이미지를 잘 간직하고 보존해서 지역과 브랜드 모두 가치가 상승하는 계기가 되어야 한다. 하지만 브랜드=상표의 차원에서 법률적인 문제를 간과할 수는 없다. 누구나 다 아는 지명을 상표권으로 확보하기 위해서는 우리만의 상표로서의 특징을 부여해야 한다는 점이다. 예를 들면, 철자의 변형, 디자인적인 요소의 추가, 기업브랜드와의 연계라는 방법을 통해서 독자적 권리를 확보해야 한다. 지명의 인지도나 이미지를 통해 다른 명칭보다 소비자들에게 한발 앞서서 시작하지만 그것을 잘 유지하고 관리하는 것도 중요한 일이다.

TREND 8 인용 브랜딩

일부를 인용하여
전체의 스토리를 얻는다

"내가 그의 이름을 불러 주기 전에는
그는 다만
하나의 몸짓에 지나지 않았다.
내가 그의 이름을 불러 주었을 때
그는 나에게로 와서
꽃이 되었다."
- 김춘수, '꽃' 중에서

브랜드에 관한 글에서 김춘수의 '꽃'을 인용하며 말머리를 열었다면, 독자는 브랜드 네이밍의 중요성, 혹은 고객에게 특별한 브랜드가 되는 법을 이야기하리라 기대할 것이다. 하지만 지금은 인용의 효과를 말하기 위한 것이다.

무언가 말하고자 할 때, 흔히들 명언, 속담, 고사 성어, 문학을 인용한다. 인용은 다음 내용을 암시하기도 하고, 전체 내용을 요약하기도 한다. 원작의 권위를 빌려 말에 신뢰를 더하기도 하고, 특정한 연상이나 감정을 불러일으키기도 한다.

명언, 노래, 시를 인용한 광고 – 신라면, 교보생명, 국민은행

　농심은 중국시장에 신라면을 런칭하면서 "吃不了辣味非好汉(매운 것을 먹지 못하면 사내 대장부가 아니다)"라는 슬로건을 사용했다. 이는 마오쩌둥의 말 "不到长城非好汉(만리장성에 와보지 않은 자는 사내 대장부가 아니다)"을 패러디한 것이다. 중국인이라면 누구나 아는 명언을 재치 있게 활용해, 낯선 브랜드에 대한 호기심과 친근함을 불러일으키는 효과를 낳았다.

　2004년 교보생명은 "마음에 힘이 되는 시 하나 노래 하나"라는 광고 캠페인을 진행했다. 힘들 때 친구가, 아내가 그리고 아들이 불러주는 노래처럼 고객에게 든든함을 주겠다는 메시지다. 젊은 그대, 아빠의 청춘에서 캔디 주제가까지, 우리나라 사람이라면 누구나 알고 좋아하는 노래를 활용해 친근함과 감정적 호의를 노렸다. 또 최근 국민은행의 기업 PR 광고는 시인 안도현이 직접 등장해 대표 작품인 '너에게 묻는다'를 직접 낭송하며, '돈'이 아닌 '꿈'을 이야기한다.

　이처럼 브랜드 슬로건이나 광고 카피에서 '인용'은 심심찮게 볼 수 있는 형태다. 하지만 통상 2~4자로 되어 있는 브랜드 네이밍에서 인용을 사용한다면 독특할 뿐 아니라 스토리텔링의 화두가 된다. 지금부터 명언, 성어 등을 인용한 브랜드들을 만나면서 인용을 통해 얻는 효과가 무엇인지 살펴보자.

명언에 담긴 깊은 철학, 브랜드의 비전이 되다

1949년 패전 후 일본. 오니츠카 키하치로는 "스포츠를 통해서 아이들의 건전한 육성에 보탬이 되겠다"는 바람으로 스포츠용품 회사를 창립한다. 회사의 이름은 아식스ASICS. 라틴어 'Anima Sana In Corpore Sano'의 머리글자로, '건전한 정신은 건전한 신체에 깃든다'는 뜻을 담고 있다. 기원전 2세기경 로마의 작가 유베날리스의 말로, 20세기의 한 스포츠 브랜드의 에센스로 거듭나게 된다. 보는 바와 같이 아식스의 비전과 미션, 그리고 핵심가치가 모두 한 줄의 명언에서 비롯되었다고 해도 과언이 아니다.

로마의 명장 시저Caesar가 기원 전 47년, 소아시아 젤라에서 미트리다테스 대왕의 아들 파르나케스를 격파하고 돌아와, 원로원에서 단 세 마디의 말을 했다. "Veni, Vidi, Vici." 그리고 21세기, 메이크업 아티스트 이경민은 말한다. "왔노라, 보았노라, 이겼노라!"

이경민이 런칭한 화장품 브랜드 VIDIVICI는 바로 시저의 명언에서 발췌한 것이다. 승리한 시저처럼 메이크업을 통해 현대 여성에게 자신감과 미적 성취감을 전달하겠다는 의미다.

ASICS(Anima Sana In Corpore Sano)라는 이름에는 브랜드의 비전과 미션, 핵심가치가 담겨져 있다.

VIDI ❋ VICI

화장품 브랜드 VIDIVICI는 시저의 말을 빌려 미의 경쟁에서 승리하라고 말한다.

바람직한 현상은 아니지만, 오늘 한국을 살아가는 여성들에게 외모는 중요한 경쟁 목표이다. 그리고 그러한 미의 경쟁에서 승리한 여성들과 여성 연예인들의 비법은 아직 전쟁터에 있는 대다수 여성들이 선망하는 무기가 아닐 수 없다. 비디비치의 제품은 연예인 화장을 누구나 쉽고 간편하게 하는 데 초점을 두고 있다. 그리고 브랜드는 '비디비치를 쓰는 당신이 승리할 것'이라는 도전적 메시지를 전달한다.

하나로 열을 말하는 한자성어 브랜드

흔히들 고사성어에는 옛 조상들의 지혜가 담겨있다고 말한다. 뜻글자인 한자의 특성상, 한자성어에는 지혜가 진하게 녹아 있다. 압축파일처럼 농축된 정도가 크다는 말이다. 짧은 브랜드에 되도록 많은 뜻을 전달하고 싶은 기업의 입장에서 보면 한자성어가 매력적일 수밖에 없다.

젊은 세대일수록 한자와 거리가 멀다는 관념이 있다. 하지만 보란 듯이 한자성어를 활용한 영 캐주얼 브랜드가 있으니, 바로 지피지기ZPZG다. 知彼知己 百戰不殆라 했던가? 상대를 알고 나를 알면 백 번 싸워도 위태롭지 않다는 뜻이니, 자신만의 스타일을 추구하는 젊은 타깃의 패션브랜드로 손색이 없다. 거기다 영어 이니셜로 표현해주는 센스까지 발휘하니, 한자는 한자이되 젊은 한자가 되었다.

ZPZG

한자성어를 인용한 브랜드들 – 지피지기, 청어람, 진인사

'쪽藍에서 나온 푸른 물감이 쪽빛보다 푸르다靑出於藍而靑於藍'라고 했으니, 스승을 능가하는 제자가 나올 수 있다는 말이다. 한국 영화 전문 배급, 투자사를 자처하는 '청어람'. 영화 대국의 여느 영화보다도 더 나은 한국 영화를 만드는 데 이바지하겠다는 의미를 전달하고 있다.

한자성어를 활용한 또 다른 영화사, '진인사'는 '인간으로서 해야 할 일을 다 하고 나서 하늘의 뜻을 기다린다'는 뜻의 한자성어 '盡人事待天命'에서 일부를 가져와 만든 브랜드이다.

시의 향기까지 전한다

2006년 2월 출시해 1년 만에 점유율을 세 배 끌어올린 두산주류BG의 '처음처럼'은 초기 내세운 '저도주' 컨셉만큼이나 은은하고 부드러운 이미지를 전하고 있다. '처음처럼'은 성공회대학교 신영복 교수의 시 제목이며, 로고로 쓰이는 붓글씨 역시 신교수가 직접 쓴 것이다.

혹자는 다음 날에도 술 마시기 전 '처음처럼' 쉽게 돌아가는 소주라고 설명하지만, '처음처럼'의 장점은 오히려 소주라는 제품 카테고리가 본래 가지고 있는 서민의 이미지, 힘 없지만 착한 사람들의 희로애락을 함께 해온 오랜 친구의 이미지를 벗어나지 않으면서 산뜻하고 편안한 이미지를 전달한다는 데 있다.

대한항공에는 퍼스트 클래스가 없다. '모닝캄 클래스'가 있을 뿐이다. '모닝캄'은 대한항공의 대표 브랜드로 기내지 '모닝캄', 프리미엄 회원을 대상으로 한 '모닝캄 클럽', 공항 내 VIP 라운지, '모닝캄 라운지' 등에 적용되고 있다. 모닝캄은 'The Land of Morning Calm 고요한 아침의 나라'이라는 표현에서 비롯된 말로 고요한 아침의 의미를 확장해 편안하고 여유로운 여행, 깨끗하고 맑은 감성의 체험이라는 의미를 전하고 있다.

'고요한 아침의 나라'라는 표현을 언제 누가 가장 처음 사용했는지는 의견이 분분하다. 1919년 조선을 방문했던 게이드와 E.R. 스콧이 쓴 회고록 『Old Korea: The Land of Morning Calm』의 제목이기도 하고, 미국의 동양학자이자 목사였던 윌리엄 에리어트 그리피스가 1882년 『Corea, the Hermit Nation』라는 책의 서문에서 처음 쓴 것이라고도 한다. 또 '동방의 등불'이라는 시로 우리나라를 소개한 인도의 시인 타고르도 어떤 석상에서 그 표현을 사용했다고 한다.

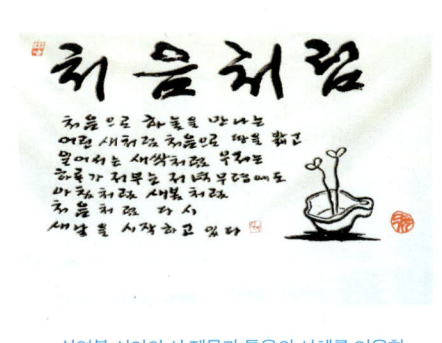

신영복 시인의 시 제목과 특유의 서체를 인용한
'처음처럼'

척하면 탁, 영어 속담을 활용한 브랜드

이제 영어 속담에서 비롯된 브랜드들을 보자. 미국의 대중문화지 〈Rolling Stone〉은 어디서 온 말일까? 유명 락그룹의 이름이기도 한 'Rolling Stone'은 "구르는 돌에는 이끼가 끼지 않는다 A rolling stone gathers no moss"는 영어 속담에서 비롯되었다. 보통 직업을 자주 바꾸면 돈이 모이지 않는다는 뜻으로도 쓰이지만, 여기서는 활동하는 사람은 녹슬지 않는다는 뜻이 강하다.

패션 브랜드 잭앤질은 어떤가? Jack & Jill은 그 자체로 젊은 남녀, 우리말 '갑남을녀' 정도를 뜻한다. 또 "짚신도 제 짝이 있다 Every Jack has his Jill"는 속담에도 등장한다. 남녀 모두를 대상으로 한, 또는 남녀 모두에게 어울리는 하나의 브랜드를 찾는 연인들을 대상으로 한 브랜드라고 하겠다.

지금까지 명언, 영어 속담, 한자성어, 시 등을 인용한 브랜드를 살펴보았다. 인용브랜드의 가장 큰 미덕은 원작이 갖고 있는 자산 - 스토리, 권위와 신뢰, 감정과 감성, 특정한 연상을 쉽게 활용한다는 점이다. '처음처럼'과 같이 원작자가 저명하고 살아있다면 큰 화제가 될 수 있다. 또한 '진인사', '지피지기'처럼 일부만을 인용함으로써, '대천명', '백전불태' 같은 말하지 않은 부분이 더 크게 인식되는 효과를 얻을 수도 있다.

TREND 9 　반어적 브랜딩

생각을 전환하면
브랜드가 보인다

"잘 한다, 잘해."

살면서 이 말 한번 들어보지 않은 사람이 있을까? 게다가 이 말을 듣고 나서 기분 좋았던 기억도 거의 없을 것이다. 우리 주위에서 가장 흔하게 들을 수 있는 반어법이다. 그런데 "못 한다, 못해."라는 말을 듣는 것보다 기분이 더 안 좋은 이유는 무엇일까. 반어법이란 것이 의미를 속으로 숨기면서 더욱 강화시키는 효과가 있기 때문이다.

이처럼 반어법은 직설적으로 이야기하는 것보다 더 강한 효과가 있기에 마케터나 광고 담당자들은 곧잘 활용하고 있다.

브랜드 개성이 묻어나는 조크 – 야후!(Yahoo!)

94년 미국 스탠포드 대학 전기공학 박사과정에 있던 당시 28세와 31세의 청년이었던 제리 양Jerry Yang과 데이비드 파일로David Filo가 개발한 세계적인 검색포털 브랜드 야후는 우리가 잘 알고 있는 조너선 스위프트의 소설 『걸리버 여행기Gulliver's Travels』 4장에 나오는 동물의 이름이다. 사람

야후의 로고와 설립자 제리 양

의 모습을 하고 있지만 실제로는 가축으로 사육되는 짐승이다. 오늘날 많은 사람들이 단순히 검색포털 브랜드만으로 연상하는 단어의 실체가 인간 형상을 한 짐승이라니 다소 의아하다. 물론 이후로 'Yet Another Hierarchical Officious Oracle(계층적으로 잇달아 나오는 친절한 제시)'의 이니셜을 딴 것이라는 이야기도 있지만, 그보다는 제리양과 데이비드 파일로 스스로 자신들을 야후(영어로 야만인, 시골뜨기)라고 생각했기 때문에 그렇게 이름을 지었다는 이야기가 일반적인 정설이다.

다시 말해 심각하게 고민하지 않고 자신들을 스스로 낮춰 부르는 재미있는 조크인 셈이다. 자유롭고 유연한 사고와 재미있는 생각이 묻어난다. 결국 네이밍의 과정에서 인터넷 서비스로서의 특징과 개성이 자연스럽게 배어있는 것이다.

야후의 경우 단어 의미상 역설을 통해 메시지를 강화한 사례로 보기는 어렵다. 하지만 두 개발자의 장난 어린 혹은 즉흥성에 의한 네이밍에 의해 본래의 의미와 상관없이 인터넷 서비스 브랜드가 추구하는 자유로움과 재미가 쉽게 전달된다. 사용자들 역시 이를 흔쾌히 받아들이고 재미있게 생각한다. 이 또한 반어법의 묘미이다.

부정 연상을 재해석한다 – 팟찌, 놀부

여성포털 웹진 브랜드 팟찌는 한국인이라면 누가 보더라도 '팥쥐'를 연상하게 된다. '콩쥐'는 좋은 사람, '팥쥐'는 나쁜 사람이라는 도식은 어릴 적부터 주입되는 선입견이다. 어떻게든 브랜드 이미지를 착하고 긍정적으로 유지하고, 조금이라도 해가 되거나 부정적으로 흐를 것에 대경실색할 상황에서 어찌 이렇게 용기 있는 네이밍이 가능했을까? 그것은 바로 스토리텔링의 힘에 있다.

즉, 부정적 이미지의 고전문학 캐릭터에서 긍정적인 스토리텔링의 요소를 발견했다는 말이다. 팥쥐는 욕심 많은 여자의 대명사이다. 신데렐라의 언니들처럼 자신의 욕심에 민감하다. '팥쥐=욕심'이라는 도식에서 이야기는 시작된다. 현대 여성에 있어 욕심은 더 이상 나쁜 것이 아니다. 좀 더 멋진 삶을 영위하고 자신의 꿈을 성취해나가는 진취적인 삶을 의미한다. 그래서 '욕심 많은 여자들의 세상'이라는 멋진 슬로건이 나올 수 있는 것이다.

고전문학에서 욕심으로 지탄받는 팥쥐는, 오늘날에 자신의 꿈과 이상을 위해 달려가는 팟찌로 재탄생하는 순간이다. 결과적으로 기존의 선입견을 보다 면밀하게 발견하고 시의성 있는 요소를 선별해서 재해석할 때 의도했던 매력적인 메시지가 나타날 수 있다. 이러한 새로운 시각이 고객들에게 전달될 때, 보다 인상적으로 기억에 남고 신선하게 주지될 수 있는 힘이 생기는 것이다.

모두가 '예'라고 말할 때, '아니오'라고 말할 수 있는 것은 틀림없이 용기이다. 그 대답 이후의 결과에 대한 두려움을 이겨야 하기 때문이다.

부정 연상을 재해석해 성공한 브랜드 - 팟찌, 놀부

순식간에 왕따가 될 수도 있다. 기존의 관행을 깬다는 것은 늘 어려운 일이다.

'놀부' 역시 '팥쥐'와 마찬가지로 우리 고전문학의 대표적인 악역이다. 대부분의 상호가 긍정적 이미지, 좋은 이미지, 착한 이미지에 집착하는 동안에는 자연스럽게 배제될 수밖에 없는 캐릭터이다. 당연히 '흥부'나 '박씨 물어온 제비'라면 몰라도 놀부는 못되고 심술맞음의 대명사이니 서비스업에 적절치 않다. (물론 '욕쟁이 할머니' 같은 틈새 시장의 예는 제외하고 말이다.)

하지만 놀부가 지니는 못됨을 맛에 대한 고집스러움으로 살짝 윤색할 수 있다면, 오히려 착한 캐릭터들 사이에서 유난히 눈에 띄는 캐릭터가 될 수 있다. 이른바 차별화의 성공인 셈이다.

착한 99명 가운데 심술궂은 하나는 당연히 눈에 띌 수밖에 없다. 이렇듯 역설적인 네이밍은 강력한 차별성을 획득할 수 있는 길을 열어준다. 그것은 오늘날 다양한 사업분야에서 치열한 경쟁이 가속화되는 상황에서 브랜드가 취할 수 있는 또 하나의 선택이 될 수 있다.

부정 연상을 더 강하게 자극한다 – 쁘와종(Poison), 데쓰(Death)

반골反骨이라는 단어가 있다. 어떤 권력이나 권위에 순응하거나 따르지 아니하고 저항하는 기질을 의미한다. 이러한 반골기질이 사람들에게는 누구에게나 조금씩 자리하고 있는 듯하다. 흔히 하지 말라면 더 하고 싶어지는 마음이 이런 게 아닐까?

크리스챤 디오르의 향수 쁘와종Poison이 나왔을 때, 프랑스의 수많은 사회단체들이 비난과 항의를 했음에도 오히려 매출이 증가했던 사례가 있다. 물론 이러한 이슈메이킹이 소비자들을 강하게 환기한 효과도 있었지만, 브랜드네임 자체가 가지는 역설적 메시지가 강했던 점도 간과할 수 없다.

쁘와종Poison은 말 그대로 '독'이라는 의미를 가진다. 인체에 치명적인 효과를 미치는 독, 그 치명성이 도리어 금단의 매력이 된다는 역설적 메시지를 전하고 있다. 얼마나 치명적인지, 그 대상이 무엇인지 굳이 설명하지 않아도 사람들의 호기심과 관심을 끌기에 충분하다. 그리고 그걸 소

부정 연상을 더 강하게 자극하는 브랜드 – 쁘와종, 데쓰

유하고 싶은 마음으로 이어지는 것이다.

　이와 비슷한 네이밍 사례로 영국의 담배 'Death'를 들 수 있다. 담배는 건강에 악영향을 미치며 이를 통해 얻을 수 있는 가장 부정적인 이미지는 결국 죽음이다. 많은 담배 회사에서 담배 브랜드의 이미지를 젊음이나 멋과 같은 긍정적인 것으로 포장하기 위해 노력하는 와중에 도리어 담배 이름을 '죽음'이라고 짓는 무모함을 보인 것은 어찌 보면 참으로 영리한 선택이었다. 금연 메시지의 홍수에 지친 흡연자들의 반골기질을 자극하기에 부족함이 없기 때문이다.

돌려보면 새로운 세상이 열린다

　부정 연상에 과도하게 겁먹을 필요는 없다. 역설적인 발상을 통해 오히려 보다 매력적인 메시지, 신선한 이미지를 찾을 수 있다. 최초의 의미와 기원에 연연해서 더 차별화되고 세련된 브랜딩의 가능성을 스스로 닫을 이유는 없는 것이다. 사전을 찾아보면 단어 하나 하나마다 부정적인 의미와 속어들이 자리잡고 있다. 이러한 것에 발목을 잡혀 좋은 브랜드 네임 하나를 놓치는 우를 범하지는 않는지 돌아볼 필요가 있다.

　이와 반대로, 전혀 역설적이지 않은 의미와 메시지를 가진 브랜드의 관리자들도 언제나 주의를 기울이자. 아무리 착하고 좋은 이야기를 드러내는 브랜드라고 할지라도 그 실체를 소비자가 반대로 느끼게 되면 그 자체가 역설적 브랜드가 되기 때문이다. '착하게 살자'를 구호로 삼는 건달이어선 곤란하지 않은가!

TREND 10 중의 브랜딩

두 배로 풍부한 연상을 만든다

어떤 브랜드를 듣고 비슷한 발음의 또 다른 무언가를 연상했다면, 그 브랜드는 이미 Dual Meaning이중 의미 혹은 Dual Image이중 이미지를 담고 있는 브랜드라고 할 수 있다. 그 자체만으로 브랜드 효과가 배가 된다고 섣불리 말할 수는 없지만, 그 안에는 분명 소비자로 하여금 똑같은 브랜드를 다른 각도로 두 번 회상하게 만드는 힘이 있어 브랜드 커뮤니케이션에 매우 효과적이다.

살아남는 브랜드를 만들기 위해 소비자의 입맛에 맞춘 다양한 네이밍 기법들이 등장하고 있는데, 자연어를 활용해 쉬운 브랜드 형태를 갖추면서도, 시청각적으로 재미있는 요소를 담아 쉽게 브랜드를 기억시키는 '이중 연상 기법'도 그 중 하나이다. 이 기법은 표기에 따라 다중 의미를 지닐 수 있도록 하는 것으로, 브랜드에 여러 가지 의미를 부여하여 다양하게 마케팅을 펼칠 수 있는 이점을 가지고 있다. 최근 이중 연상 기법을 활용한 브랜드들이 속속 등장하여 큰 인기를 끌면서 하나의 트렌드로 자리 잡고 있다.

통째로 또는 분리해서 의미를 부여한다 - 도시락

'Dosirak'은 KTF의 음악 전문 포털 사이트이다. 'Dosirak'에서 연상되는 이미지나 키워드들은 '도시락'이 왜 도시락인지 알 수 있을 만큼 분명하면서도 친근하다. 도시락은 '도레미파솔라시도'의 도, 시, 라 음계와 '즐거울 락樂' / 도시City + 락樂이 합쳐진 조합어로, 브랜드네임 한자 한자에 음악의 즐거움, 도시의 즐거움을 가득 담고 있다. 거기에 '간편하게 휴대할 수 있도록 만든 음식 그릇, 또는 그릇에 담긴 음식'이라는 사전적 의미가 합쳐져 언제 어디서나 간편하게 음악 서비스를 즐길 수 있는 곳이라는 이미지가 함께 부각된다.

다양한 디지털 콘텐츠 제공과 손쉬운 사용법 등의 기능적인 면이 부각되면서 이용자가 늘어난 탓도 있겠지만, 다중적 이미지가 부각되는 화제성 있는 브랜드 개발이 도시락의 성공 요인이라는 점은 누구나 공감하는 사실일 것이다.

도시락은 기억하기 쉬운 맛있는 어근에, 간편하고 가벼운 이미지, 즐거

전혀 다른 분위기가 느껴지는 문근영의 Sexy & Cute 컨셉의 도시락 광고
- 도시락의 다양한 이미지를 표현하고 있다.

운 에너지가 충만한 음악 공간으로서의 기능을 제대로 녹여낸 브랜드로 많은 사랑을 받고 있다.

철자를 변형해 새로운 의미를 담는다
– buy the way, Sopooong

편의점 업계에서 경쟁 우위를 확보하기 위해 다양한 경영전략을 펼쳐 나가고 있는 Buy the way가 최근 '쉼표'를 강조한 새로운 CI를 선보였다. 브랜드네임에서 알 수 있듯, Buy the way는 화제를 바꾸거나 잠시 주위를 환기시킬 때 사용하는 구어체의 숙어, By the way그러니까와 동음으로 Buy something on the way의 의미를 담고 있다. 편의점의 특성을 살린 쉬어가는 공간, 간편하고 편리한 구매 공간으로서의 '유쾌한 즐겨찾기' '나만의 쉼표' 등의 이미지를 동시에 부각시키는 전략으로 이중 의미 연상 브랜드의 시초라고 해도 좋을 만큼 성공한 브랜드로 꼽힌다.

Buy the way가 가장 중점을 두고 있는 브랜드네임의 의미를 잠시 살펴보자. 겉으로 드러난 이중 의미를 살펴보면 'by the way – 그러니까, 잠시 쉬어가는 공간', 'buy on the way – 언제 어디서나 지나는 길에 간편하게 물건을 구입할 수 있는 곳'임을 쉽게 짐작할 수 있다. 여기에 더하여, 기존에 대문자로 표기했던 'B'를 소문자 'b'로 표기하여 대형 마켓과는 차별화되는, 조그맣고 가벼운 나만의 휴식 공간으로 그 이미지를 환기시키고 있다.

Buy the way처럼 자연어를 그대로 가져가는 듯하면서도 약간의 철자 변형을 통해 재미있는 브랜드 이미지를 만들어 나가고 있는 또 다른 브랜

Buy the way는 친근하고 개인적인 느낌을 주도록 로고를 리뉴얼하였다.

즐거운 소풍을 연상시키는 Sopooong 로고

드가 있다. 바로 자동차 렌트 전문 회사 Sopooong인데, '소풍'을 영문으로 표기하여 세련되면서도 귀엽고 친근한 이미지를 부각시키면서도, 'OO' 에 O를 하나 더 추가하여 자동차 바퀴를 연상시키는 재미있는 이미지로 고객과 소통하고 있다. '렌트' 하면 가장 먼저 떠오르는 소풍이나 여행 등의 연상 이미지를 적극 활용해 브랜드화하면서, 자칫 단순하고 밋밋해 질 수 있는 브랜드 커뮤니케이션의 단점을 철자의 변형을 통해 해결하고 있다. 이는 시청각 요소를 모두 고려한 독특한 형태의 브랜딩으로 다양한 업종에서 벤치마킹되고 있다.

독특한 표기로 복수의 의미를 전달한다 – 둥굴레 9水, Z:IN, life&眞

웰빙 시대에 접어들면서 등장한 또 하나의 식품 트렌드가 바로 몸에 좋은 '차茶'이다. 일본이나 중국에서는 이미 예전부터 다양한 종류의 차들이 시판되고 있었던 데 반해, 국내에서는 최근 들어 여성들의 건강 다이어트 음료 컨셉의 다양한 브랜드들이 런칭되고 있다. 이 중 조아제약이 출시한 웰빙 차 음료 '둥굴레9水'는 하루 9번 마신다는 의미의 숫자 9와 한자어

水를 결합하여 '하루에 9번 마시면 건강에 좋은'이라는 정보를 제공함과 동시에, 동일 음가를 활용한 이중 연상 기법으로 제품의 '구수'한 맛의 의미를 전달하는 국/한문 혼용 브랜드이다. 2009년 한국인삼공사가 홍삼 전문기업을 넘어 종합건강기업으로 거듭나기 위해 론칭한 비 홍삼 건기식 브랜드 'life&眞' 역시 독특한 표기로 중의적 의미를 내포한 브랜드이다. 표기 형태 상 'life'에서 생활에 활력을 주는 건기식의 의미를, '眞'에서 한국인삼공사가 홍삼으로 쌓은 긍정적 자산의 의미를 함축적으로 느낄 수 있다. 소리 내어 발음해 보면, 숨겨진 의미가 또 하나 모습을 드러낸다. '라이프앤진 – 내 삶에 활력과 원기를 주는 엔진Engine'.

얼핏 말장난 같아 보일 수도 있지만 이러한 브랜드들은 기발한 아이디어로 사람들의 눈길을 끈다. 생맥주 전문점 '붐비어Boombeer', '잔비어스JohnBeers'는 이중 연상 기법을 활용한 국/영문 표기의 대표적 상호로 일반인들 사이에선 이미 유명하다.

LG화학의 토털 인테리어 솔루션 브랜드인 Z:IN은 가장 인지도가 높은 중의 브랜드 중 하나이다. 짧고 용이한 발음과 뛰어난 화제성, 독특한 브랜드 비주얼과 그에 부합하는 슬로건, 그리고 톱스타 이영애를 모델로 한 커뮤니케이션 전략 덕분에 소비자들의 큰 주목을 받고 있다.

독특한 표기로 여러 가지 의미를 전달한다. – 둥굴레 9水, Boombeer, life&眞

이영애와 그녀의 지인들이 등장하는 Z:IN 광고

Z:IN의 본래 의미는 'Zenith Interior for Lohas'로 사람과 자연을 생각하는 인테리어 브랜드라는 뜻을 담고 있다. 긴 음절을 표시할 때 사용하는 부호 ':'를 첨가하여 '긴 공간 = 넓은 공간'이라는 의미를 비주얼로 드러내었고, 그에 어울리는 '공간에 대한 긴 생각'을 브랜드 슬로건으로 표현하였다. 여기에, 발음에서 연상되는 국문 '지인知人'을 커뮤니케이션 전략에 접목시킴으로써 이중 의미 연상의 효과 또한 얻고 있다. 즉 매 CF마다 이영애와 인연이 있는 지인을 등장시켜 '지인'을 스토리텔링의 포인트로 만들었고, 세련된 화면에 감각적인 카피와 함께 '知人'을 표기함으로써 브랜드에 더욱 풍부하고 고급스런 느낌을 부여하고 있다.

다양한 형태로 의미를 부여하고 스토리는 풍부하게

브랜드가 가지고 있는 이미지를 극대화시키기 위해 다양한 요소를 브랜드에 접목시켜 커뮤니케이션하는 예를 우리는 흔히 찾아볼 수 있다. 인지도가 높은 모델을 기용해 모델과 제품을 일시화한다 든지, 각종 이벤트나 협찬 등의 방법을 활용해 브랜드를 소비자에게 자주 노출시킨다 든지 하는 등의 전략 말이다. 하지만 이는 모두 외부 요소들을 활용한 커뮤니케이션 전략이지, 브랜드네임 자체에서 오는 효과를 이용한 커뮤니케이션 전략은 아니다. 이중 연상 기법은 이런 면에서 차별화될 수 있다. 상품의 품질, 기능, 컨셉 등은 쉽게 모방할 수 있으나, 그 브랜드의 독특한 네임에서 오는 이미지는 모방이 어렵기 때문이다. 그래서 소위 아류 제품들이 난무하는 시장에서 친근한 자연어를 독특하게 풀어 놓은, 그래서 모방할 수 없는 이중 의미 연상 브랜드가 더욱 눈길을 끈다.

이처럼 이중 연상 기법은 제품의 속성을 표현한다든가, 기능적 효익을 부각시킨다든가, 상징적 부호를 활용하여 화제성 있게 표현한다든가 하는 등의 네이밍 요소를 다양한 형태로 표기가 가능한 이중 연상 브랜드에 담아냄으로써, 각기 다른 취향을 갖고 있는 소비자들에게 보다 넓은 범위의 공감을 이끌어내는 데 큰 역할을 한다.

TREND 11 넌컨셉 브랜딩

넌컨셉이라 마음대로 상상한다

한 제품과 서비스의 미래를 책임질 브랜드를 결정하면서 아무런 개념 없이 대충 정하는 기업은 없을진대 어떻게 '넌컨셉 브랜딩'이라는 트렌드가 가능할 것인가? 기존의 브랜드들은 너무 많은 의미와 철학, 고상함을 내포하고 있었다. 수많은 브랜드들이 치밀한 계획과 수많은 논의를 거쳐 탄생되지만 지금처럼 브랜드의 의미meaning가 홍수를 이루는 시대에는 오히려 '아무 의미 없이 그냥…'이라는 기준이 성립된다. 브랜드를 설명하는 구구절절한 말들보다도 단 한 번을 봐도 잊혀지지 않을 특별한 인상, 뭐라 설명할 수는 없지만 분명 '다르다'라고 느낄 수 있는 그 무엇을 추구하게 되는 것이다.

문예사조에 비유하자면, 회화에서 사실주의가 대세를 이루다가 인상주의, 추상주의, 팝아트 등의 현대적 사조로 변모한 것을 상기해볼 필요가 있다. 현대를 사는 소비자에게 구체적인 사실 자체는 더 이상 어떤 감흥을 주지 못한다. 결국 지금까지와는 다른, 소비자의 감성을 두드리는 어떠한 '느낌'이 전달될 때 소비자 스스로 브랜드에 의미를 부여하며 눈이 가고 귀가 솔깃해 지는 것이다. 이러한 넌컨셉 브랜딩이 모든 산업에 다 적합한 것은 아니다. 결국 '설명'이 아닌 '인상'을 중요시하는 타깃에

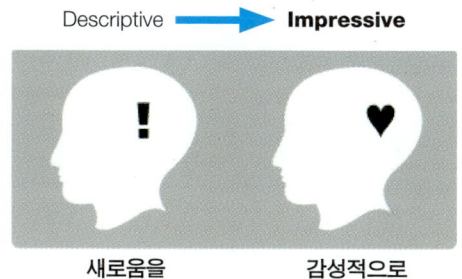

넌컨셉 브랜딩은 설명이 아닌 인상을 중요시하는 타깃에 효과적이다.

게 좀더 유효할 것이고 이미 설명어의 브랜드가 포화상태가 되어있는 산업에 더 새로운 환기효과를 줄 수 있을 것이다.

그냥… 독특하면서 짧게

슈퍼 마리오 게임개발자로 유명한 닌텐도Nintendo의 미야모토 시케루가 위Wii를 개발하면서 브랜드 의미를 설명한 인터뷰 내용을 주목해보자. 그가 신형 게임기의 브랜딩을 하면서 원했던 이미지는 '게임기 같지 않으면서 짧은 이름'이었다. 짧고 간단한 브랜드를 통해 차별화를 꾀하고자 한 것이다. 위Wii는 속성과 의미를 떠나 가장 단순화된 브랜드 형태를 추구했다는 점에서 현대사회의 브랜딩 트렌드에 대해 시사하는 바가 크다. 특히 여럿이 함께 즐기는 게임기의 특성을 고려할 때 남녀노소 누구나 쉽게 읽고 말하고 기억하기 좋은 이름이 효과적이다.

그런 면에서 위Wii는 의미가 살아 있지는 않지만 주목력이 높을 뿐만 아니라 시각적으로도 뛰어나다. 1음절의 받침이 없는 발음, 모음의 반복, 리모콘 등에 마킹marking을 했을 때의 가시성 등의 여러 감각적인 요소들이

여럿이 함께 즐기는 게임기 Wii에서는 자신의 아바타 Mii를 가질 수 있다.

종합적으로 만족되고 있다. 반복된 모음 'ii'를 통해 다른 기종에서는 접할 수 없는 위Wii의 컨트롤러 바를 형상화하고 사람들이 함께 어울려 게임하는 모습을 연상시킨다.

설명이 아닌 임프레션Impression을 중시하는 위Wii는 게임 안의 커뮤니티에서 자기를 표현하는 아바타의 명칭으로 '미Mii'를 사용하고 있다. 사용자들은 게임기 안에서 자유롭게 얼굴을 조합하여 새로운 나Mii를 창조할 수 있다. 이처럼 위Wii는 개발자가 의도했던 대로 어떤 의미어도 포함시키지 않고도 짧고 경쾌한 감각의 임프레션을 최대한 활용하는 대표적 브랜드가 되었다.

그런가 하면 두부에 상상할 수 없는 브랜드를 적용하면서 설명할 수 없는 인상적인 브랜드로 자리 잡은 경우도 있다. 바로 '男'이라는 브랜드이다. 일반적으로 식품 브랜드의 이미지를 성별로 본다면 여성적 이미지에 가까울 것이다. 특히 두부라는 아이템으로 오면 여성에서 더 세분화되어 주부의 이미지로 초점을 맞추게 된다. 그런데 최근 일본에서 화제가 되고 있는 두부 브랜드는 전혀 다른 방향의 이미지로 센세이션을 일으킨다. 두부 브랜드를 개발하는 일반적인 접근방법을 보면 두부라는 제품이 주는

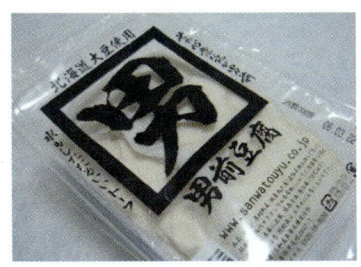  

두부 브랜드 같지 않은 두부 브랜드, 남전두부(男前豆腐)

신선함, 자연 이미지, 재료인 콩에서 오는 속성표현, 식품으로서 기본적으로 추구하는 신뢰성, 안전성 등을 표현하고자 할 것이다. 그런데 이 브랜드는 그런 개념과 아무런 상관이 없다. 도대체 무슨 생각으로 브랜딩한 것일까 의아해질 정도이다.

이 두부의 브랜드는 '男前豆腐남전두부', 한글로는 '사나이 두부' 정도가 될 것이다. 투박하게 손으로 쓴 로고를 하나의 컬러로 무뚝뚝하게 적용한 이 브랜드는 일반적으로 주부 타깃에게 어필하는 디자인은 전혀 아니다. 기존의 식품에 대한, 두부에 대한 가치를 벗어 던지고 그냥 터프하고 남자답게 만드는 두부의 이미지를 아무런 꾸밈없이 전달한다. 이게 웬일인가 싶은 두부 포장, 브랜드 메시지이다.

메이지 대학 출신의 젊은 사장 이토신고는 기계가 아닌 손으로 만든 고급 두부를 만들겠다는 생각을 실천에 옮기고 콩물의 농도를 높이고 일일이 손으로 떠서 부드러운 두부를 만드는 데 성공했다. 제품기획이야 그럴 수 있지만, 도대체 왜? 두부라는 제품과 무슨 상관? 소비자들에게 계속해서 수많은 의문부호(?)를 떠올리게 하지만 동시에 알 수 없는 끌림(!)을 준다. 사나이다운 두부가 어떤 건지 도대체 감이 잡히지는 않지만 이 터프한 두부는 일본에서 최고 히트상품으로 꼽히고 있다.

그냥… 느낌이 좋으니까

패션 산업만큼 직관적인 감성, 느낌이 중요한 업종이 또 있을까? 패션이야말로 어떠한 말도 필요 없이 감성이 통하고 마음이 끌리면 그대로 빠져들게 되는 분야이다. 따라서 어떤 정보와 이성을 담는 컨셉어Concept Word보다는 추상적 브랜드들이 많고 또 유독 디자이너의 이름을 딴 브랜드들이 많은 분야이기도 하다. 디자이너의 색깔로 스타일을 대변하거나 그렇지 않으면 패션 브랜드야말로 해당 제품만의 '느낌'이 담겨있어야 한다. 그 '느낌' 속에는 성별, 나이, 스타일, 문화 등이 종합적으로 녹아있다. 브랜드를 풀어내서 의미를 찾는 것이 아니라 우리의 스타일을 잘 소화하는 언어의 느낌인지가 가장 중요한 것이다.

코오롱 패션이 SPA 사업에 진출하면서 설정한 브랜드의 방향성이 바로 'Non Concept, Only Image'였다. SPA는 갭Gap 사의 도널드 휘셔 회장이 86년에 처음 사용한 용어로 자사 기획브랜드 의류를 직접 제조하고 유통까지 하는 것을 의미했다. 그러나 SPA는 유럽의 H&M, ZARA, 일본의 Uniqlo 등의 유통형태가 성공을 거두면서 '대형 가두매장을 통해 빠르게 트렌드를 흡수하면서 합리적인 가격을 추구하는 유통형태'를 일컫는 용어가 되었다. 즉, SPA는 고객과 공급자를 가장 효율적으로 연결해 고객이 요구하는 트렌드와 패션 엔터테인먼트를 최적으로 실현하는 시스템이라 할 수 있다.

SPA 사업에 진출하는 코오롱은 국내에서 아직 생소한 형태의 유통인 SPA를 선도하고 다양한 트렌드를 수용할 수 있는 '쿨cool'한 이미지의 브랜드를 원했다. 'QUA'는 AQUA에서 'A'가 빠진 것으로, 무한대로 펼쳐지는 청량한 느낌과 무엇으로도 정의되지 않는 경쾌함을 전달한다. 그것만으로 이 브랜드의 역할은 충분했다. 트렌드 공장으로서 빠른 패션의 흐름을 제시하는 쿠아QUA는 패션 본연의 '쿨함'을 다양한 제품들을 통해 보여주고 있다.

그런가 하면 미국의 통신회사 '세븐Seven'은 오로지 숫자로만 이루어진 회사명이다. '쓰리엠3M'이라든지 '에스원S1', '씩스 플래그스6 Flags' 등 숫자를 활용한 브랜드는 국내, 해외에서 종종 볼 수 있었으나 다른 요소 없이 숫자만으로 이루어진 과감한 자연어 활용은 이례적이다. 세븐Seven이라는 단어 자체에 통신업을 연상시키는 직접적인 연결은 없다. 그러나 숫자로서의 세븐Seven은 동서양을 막론하고 좋은 상징을 갖는 숫자이다. 럭키 세븐으로 대변되는 행운의 상징이며 우리의 일상생활은 주 7일 단위로 돌아간다. 7대 불가사의가 주는 미스터리한 느낌도 주면서 7이라는 숫자는 10이라는 숫자보다도 오히려 더 완전성이 느껴진다.

세븐Seven이 왜 기업명을 다른 어떤 군더더기도 없이, 어떤 의미부여도 없이 숫자만으로 활용하고 있는지 정확한 의도는 알 수 없다. 한마디로 넌컨셉인 것이다. 그러나 설명하지 않고 일일이 의도를 밝히지 않음으로

코오롱의 SPA 패션 브랜드, QUA

미국 통신회사 SEVEN

인해 오히려 '세븐? 세븐이 뭐야…'라는 호기심을 자극해 소비자들의 뇌리 속 깊이 각인되는 효과를 누리고 있다. 세븐은 '7'이라는 숫자가 주는 좋은 연상, 상징적 울림만으로 충분히 기업을 표현하고 있다.

짧은 닷컴 주소를 갖기 위해

IT 통신분야의 지배적인 속성은 바로 첨단성이다. 그래서 첨단의 컬러, 첨단의 이미지를 전달하는 용어가 브랜드네임으로 많이 활용한다. 그러나 어바이어Avaya는 이러한 일반적인 이미지에서 좀 벗어난 이미지를 선택했다. '인텔intel'이라고 했을 때 대략 머릿속에 잡히는 IT의 이미지가 있지만 어바이어Avaya는 그렇지 않다. 일단 이 브랜드를 모르는 사람이 보면 어떻게 읽어야 할지 철자배열이 난감하다. 또 그 흔한 업종표현인 Communication도 적용이 안 되어 있어 감을 잡을 수가 없다. 업종이나 분야 등이 전혀 느껴지지 않는 '넌컨셉 브랜드'인 것이다.

도메인	단 5개의 letter로 닷컴(.com) 확보 avaya.com, agere.com
상표	전세계 Telecommunication 분야에 상표 등록
컨셉	?

5자 이내의 닷컴 주소를 확보하려는 노력이 넌컨셉 브랜드로 나타났다.
- 어바이어(Avaya), 어기어(Agere)

어바이어^{Avaya}는 루슨트 테크놀로지스$^{Lucent\ Technologies}$에서 분사한 B2B 통신회사이다. 이 회사는 알파벳 'A'로 시작하는 브랜드를 원했고, 기존 통신 브랜드와는 다른 이미지를 원했다. 전세계를 대상으로 하는 글로벌 브랜드로서 상표등록의 어려움, 5자 이내의 닷컴$^{.com}$ 주소 확보의 필요성이 전제되었기에 이처럼 어떤 의미도 느낌도 전달받을 수 없는 독특한 브랜드가 탄생하게 된 것이다.

통신 브랜드가 넌컨셉 브랜드로 탄생되는 배경 중에는 이처럼 상표등록상의 어려움에서 출발한 경우가 많다. 어느 국가에서도 유사한 브랜드가 겹치지 않으면서 전세계적으로 하나의 이미지를 구축하기 위해서는 그 누구도 쓰지 않은 독특한 철자조합, 그 누구도 유추해내지 못할 어원을 갖게 되는 것이다.

이는 루슨트 테크놀로지스에서 분사했던 또 다른 통신회사인 어기어^{Agere}의 경우도 마찬가지이다. 그만큼 전세계에서 통하는 고유한 이미지의 글로벌 브랜드를 창조하기가 쉽지 않다는 것이다. 어바이어^{Avaya}는 이러한 현실적인 고민에서 출발하여 그 어느 브랜드와도 중첩되지 않는 자사만의 독특한 넌컨셉 기반의 이미지를 구축했다. 어떤 업종인지, 무슨 의미인지 전혀 알 수는 없지만 끊임없이 호기심을 자극하고 화제성을 가져다준다는 점은 넌컨셉 브랜드의 가장 큰 장점이다.

Untitled Message의 무한 상상력

현대미술 전시회에서 전혀 이해가 되지 않는 추상 작품의 제목으로

'Untitled무제'를 확인한 경험이 누구나 한두 번씩은 있을 것이다. 작가 자신도 자신의 작품에 대한 규정을 명확하게 내리지 않고 그저 'Untitled'라는 표제 아래 그림의 의도와 설명을 배제하는 것이다. 관람객들은 나름대로 그림이 표현하고자 하는 것이 무엇이며 그 메시지는 어떤 것일지를 생각하게 될 것이다. 결국 작품에 대한 작가의 한 가지 해석이 아니라 관람객에 따라 다각화되는 무궁무진한 해석이 가능하게 된다.

경우는 조금 다르지만, 넌컨셉 브랜드 역시 하나의 개념이나 정해진 메시지에 묶이지 않고 더 많은 상상력과 연상을 불러오는 효과가 있다. 이러한 넌컨셉 브랜드는 자고 일어나면 생겨나는 브랜드와 그 의미들의 포화 속에서 자연스럽게 발생된 트렌드이다. 이는 오늘날 소비자들에게 끊임없이 물음표와 느낌표를 유도해내면서 브랜드의 신선함을 유지하는 브랜딩의 새로운 조류가 될 것이다.

TREND 12 시리즈 브랜딩

시리즈로 확고한 아이덴티티를 구축한다

많은 사람들은 2000년 가을 KBS2에서 방송되었던 드라마 '가을동화'의 감동을 잊지 못하고 있을 것이다. 당시 30% 내외의 높은 시청률을 기록하면서 송혜교, 원빈 등의 스타를 만들어냈을 뿐만 아니라 드라마 수출로 한류열풍을 불러일으킨 역작이다. 드라마의 PD였던 윤석호 감독은 '가을동화'의 성공을 계기로 차기작 '겨울연가'를 2003년 초에 방영하였다. 그 드라마 또한 대성공을 거두며 배용준을 한류 스타로 만들었다. 같은 해 여름에는 '여름향기'를, 2006년 봄에는 '봄의 왈츠'를 마지막으로 계절 드라마 시리즈의 종지부를 찍게 된다.

윤석호 감독은 4편의 계절 드라마를 통해서 순수 멜로물, 비주얼과 이미지를 중시하는 작법, 서정적이고 잔잔한 톤앤매너Tone&Manner, 운명적이고 슬픈 사랑에 대한 아름다운 환상 등 자기만의 아이덴티티를 완성시켰다. 특히, 드라마의 기획 단계부터 테마의 컬러를 정해 아름다운 사랑 얘기를 그림 같은 영상에 담아냈다. 가을동화는 '옐로와 레드', 겨울연가는 '화이트', 여름향기는 '블루와 그린', 봄의 왈츠는 '핑크와 그린'으로 캐릭터에 색을 입히면서 로맨스를 그려냈다.

계절 드라마 시리즈를 통해 구축된 윤석호 감독의 아이덴티티는 다른

윤석호 감독은 4편의 계절 드라마 시리즈를 통해 자기만의 아이덴티티를 완성시켰다.
- 가을동화, 겨울연가, 여름향기, 봄의 왈츠

사업으로도 이어지면서 브랜드 파워를 과시하고 있다. 윤석호 감독은 드라마 제작사 '윤스칼라Yoon's Color'를 설립하고, 한류투어 테마파크인 갤러리 '포시즌하우스'를 개관하였다. 또 일본에서는 드라마 겨울연가를 각색한 뮤지컬과 사계절 드라마의 OST를 중심으로 한 콘서트를 개최하는 등 상당한 경제적 효과를 창출하고 있다.

과연 처음부터 계절 드라마라는 시리즈물을 만들 생각이었는지, 아니면 '가을동화'가 성공하니 연속으로 기획하기로 한 것인지 모르겠지만 결과론적으로는 윤석호 감독만의 독특하고 확고한 이미지를 만들 수 있었고, 그것이 엄청난 파워를 갖게 되었다.

이와 같은 사례들은 제품이나 서비스의 브랜드에서도 찾아볼 수가 있으며 브랜드 마케팅의 관점에서 매우 효과적으로 쓰이는 방법이다.

핵심 어근을 중심으로 시리즈한다

1998년 애플은 버튼 하나로 인터넷에 접속할 수 있는, 고전적인 매킨토시 컴퓨터와는 완전히 차별되는 아이맥iMac을 출시했다. 인터넷을 향한

흥분과 맥의 간편성을 잘 조화시켜 애플이 소비자들에게 무엇을 의미하는가를 일깨워주는 야심작으로 스티브 잡스가 기획했다. 아이맥이 전세계적으로 성공을 거두면서 스티브 잡스는 재기에 성공했고 애플은 다시 부활했다.

그러한 성공에 힘입어 2001년 10월 애플은 또 하나의 획기적인 디지털 신제품을 발표했는데, 그것이 바로 이 시대를 대표하는 문화적 아이콘이 된 '아이팟iPod'이다. 아이팟은 각자의 개성을 표현하는 도구이면서 문화를 창출하는 혁신 브랜드로 확고한 아이덴티티를 구축하였다. 그리고 최근에는 터치 스크린을 장착한 혁신적인 핸드폰인 아이폰iPhone이 출시되어 선풍적인 인기를 끌고 있다. 애플은 이렇게 iinnovation, internet를 핵심 어근으로 삼아 브랜드를 전개하고 하면서 소비자들에게 혁신에 대한 기대를 불러일으키고 있다.

비주얼 아이덴티티로 시리즈한다

시리즈 브랜딩은 대부분 컨셉이나 언어적인 측면에서 전개된다. 그러나 컬러나 비주얼 아이텐티티의 일관성을 기반으로 시리즈를 전개하는 브랜드도 존재한다.

KBS의 자회사로 케이블 방송을 전문으로 하는 컨텐츠 미디어 기업인 KBSN도 그런 브랜드 중 하나이다. KBSN은 자신이 추구하는 가치인 'New, Next, Network'를 소비자들이 인지하기 쉽게 시각언어로 상징화하고 있다. 4개의 케이블 채널에 대해서도 기업브랜드 아이덴티티를 조화

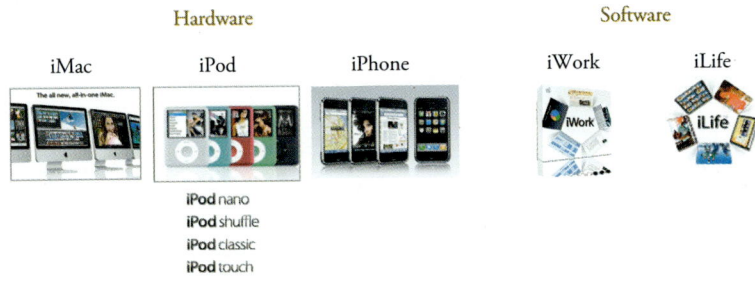

우리 시대의 혁신 아이콘, 애플의 i브랜드 시리즈

컬러에 기초한 KBSN 케이블 채널 브랜드 시리즈

롭게 연계시키면서 각각의 지향 가치와 특성을 컬러로 시리즈화하는 형태를 취하고 있다. 컬러에 기초한 이러한 시리즈 브랜딩은 각 채널 브랜드들의 통합성과 다양성, 고유성을 감성적으로 표현한다.

 KBS joy의 노란색은 '유쾌한 환희', KBS drama의 분홍색은 '따뜻한 사랑', KBS prime의 보라색은 '고귀한 존경', KBS sports의 푸른색은 '젊은 열정'을 나타내고 있다. 그리고 각각의 로고에 해당 채널의 영문 이니셜을 마킹함으로써 디자인적 조형성을 확보하고 채널만의 차별화된 개성을 전달하고 있다.

지리적, 문화적 스토리로 시리즈한다

국내 전자제품 시장에서 하나의 트렌드로 펫네임 브랜딩이 있다. 정식 브랜드네임은 아니지만 신제품의 특성을 반영하여 소비자들의 흥미를 끄는 애칭을 사용하는 전략이다. 파브의 경우에는 펫네임으로 프랑스의 유명한 지명을 활용하고 있는데, 이는 소비자의 문화적 트렌드를 반영해 시너지 효과를 창출하려는 것이다.

보르도는 프랑스 남서쪽 해안에 있는 도시로 최고급 와인 생산으로 유명한 지역이다. 최근 와인에 대한 관심과 소비가 증가함에 따라 삼성전자는 와인잔을 연상하게 하는 디자인의 파브 제품을 출시하고 보르도라는 적절한 펫네임을 적용해 시장에서 큰 히트를 쳤다.

이어서 영화를 보기에 좋도록 만들어진 PDP TV에는 깐느 영화제의 명성을 활용하는 차원에서 역시 프랑스 지명인 '깐느'를 가져다 시리즈 브랜드로 출시하였다.

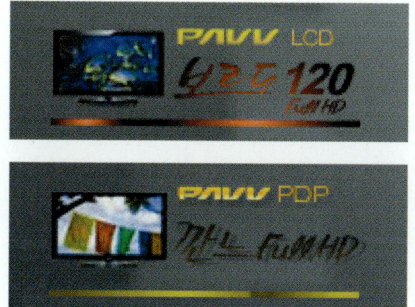

삼성전자 파브의 펫네임 시리즈 - 보르도, 깐느

흥미로운 컨셉으로 시리즈한다

식음료에 있어서 웰빙 트렌드가 계속되고 있는 가운데, 어느 기업이 어떤 웰빙 소재 음료를 제품화하느냐가 시장의 판도를 가르고 있다. 대상이 식초음료를 출시하면서 많은 업체들이 뒤이어 유사 제품을 런칭하기 시작했다. 웅진식품은 다소 늦게 특허기술인 비열처리 발효공법으로 만든 식초음료를 들고 나왔다. 영양소는 파괴하지 않으면서 맛과 향을 높인 2가지 제품으로, '그녀의 초심'의 경우 현미흑초와 현미생식초에 석류, 사과, 유자, 꿀을 넣었고, '그의 흑심'은 꿀의 함량을 늘이고 오미자를 넣어 피로회복 및 스트레스 해소 효능을 갖도록 했다.

웅진식품은 '그녀의 초심'과 '그의 흑심'이라는 젊고 감각적인 브랜딩을 통해 식초음료에 대한 거부감을 줄여 일반 소비자들이 부담없이 즐길 수 있도록 하고 있다.

웅진식품의 식초음료 브랜드

알파벳으로 시리즈한다

차바꾸는 알파벳
쇼핑하는 알파벳
여행하는 알파벳
비행하는 알파벳

현대카드의 알파벳 카드 시리즈

통화하는 알파벳

11번째 알파벳 카드 할인전용 V 등장

뭘 고를까 고민되~. 다 가져도 될까요? 끊임없는 알파벳. 멈출 수가 없어요. 미안해요 여러분. 멈출 수가 없어요.

최근에 방영되고 있는 현대카드의 광고이다. 광고 메시지에서 현대카드의 브랜드 시리즈 전략을 잘 설명하고 있다.

브랜드의 패턴으로 시리즈한다

두산동아는 학습교재 전문 출판사로 유아부터 성인까지 다양한 학습물들을 출간하고 있다. 그 중 중고등 학습물은 개별 브랜드 전략을 취하고 있다. 두산동아는 타깃인 중고등 학생들이 말이나 문장을 축약해 사용하는 추세에 맞추어 중등 수학 학습서는 '수류탄수학의 류형을 탄탄하게', 고등 사회탐구 학습서는 '감탄사감이 탄탄한 사회탐구', 고등 수학 학습서는 '유격수 유형으로 격파하는 수학'로 이름 붙여 축약 브랜드의 패턴으로 시리즈화했다.

 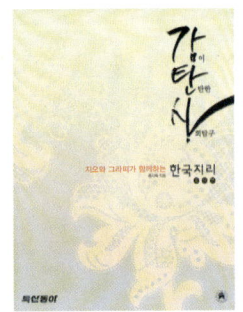 

두산동아의 중등고 과목별 학습서 브랜드

하나의 이미지를 구현하는 요소들로 시리즈한다

　　Kt는 새로운 통합 멤버십 프로그램 olleh kt club을 런칭하면서 하부의 고객 등급 명칭과 포인트 단위 명칭을 개발했다. 'club'이 환기하는 exclusivity와 entertaining의 이미지를 기본으로 하여 'Be a celebrity at the party파티의 셀러브리티가 된다'라는 핵심 컨셉이 설정되었고, 3단계의 고객 등급 명칭 'Black Suit', 'Red Carpet', 'White Rose'과 포인트 명칭'별'이 한 데 어우러져, 이를 눈으로 보는 듯한 하나의 이미지로 구현하게 했다. 블랙 수트를 차려 입고 레드 카펫 위를 걸어 화이트 로즈로 장식된 화려한 연회장으로 들어가

Kt의 새로운 통합 멤버십 프로그램 olleh kt club

는 스타(별)의 모습이 그려지지 않는가? 이들이 바로 olleh kt club의 고객들인 것이다.

끊임없는 스토리 창출이 필요하다

시리즈 브랜딩은 브랜드 운용전략 측면에서 더욱 유의미하다. 그것은 패밀리 브랜드를 운용할 때의 비용효율성의 문제와 개별 브랜드를 운용할 때의 차별성 확보의 문제를 동시에 해결해 준다. 여러 속성이 다른 브랜드들을 같은 그룹으로 묶어줌으로써 커뮤니케이션 효율성을 높이고 특정 키워드나 컨셉을 고객의 머릿속에 쉽게 포지셔닝할 수 있는 것이다.

시리즈 브랜드가 성공하기 위해서는 각각의 확장된 개별 제품 혹은 서비스의 품질이 균질해야 하고, 무엇보다도 시장에 런칭되는 첫 번째 주자가 반드시 성공해야만 한다. 그리고 문화나 스토리에 기반하여 시리즈 브랜드를 전개할 경우에 모든 브랜드 스토리가 자연스럽게 문화를 형성할 것이라고 생각하면 안 된다.

시리즈 브랜드는 네버엔딩 스토리를 필요로 한다. 단편적인 일회성 스토리가 아니라 지속적으로 연계되는 스토리 창출을 통해서만 일관된 이미지를 형성할 수 있다. 우리가 문화라고 부르는 생활양식들은 일시적인 유행을 넘어 많은 사람들의 지속적인 공감대를 이끌어냄으로써 살아남은 것들이기 때문이다. 스토리 문화를 구축하기 위한 왕도는 분명 없다. 하지만 기업은 제품 자체가 아니라 브랜드 스토리와 그 철학을 강조함으로써 소비 이상의 것, 즉 문화를 만들 수 있어야 한다.

PART 3

Sense

감각으로
소비자를
사로잡는다

TREND 13 맛있는 브랜딩
식감에서 호감으로

TREND 14 컬러 브랜딩
컬러의 상징은 진화한다

TREND 15 반복 브랜딩
리드미컬하게 브랜드를 인식시킨다

TREND 16 청각 브랜딩
귓가에 맴도는 브랜드

TREND 17 비주얼 브랜딩
문자로 그린 그림

Sense

싱싱한 '멜론'에 이어폰을 꽂아 음악을 듣고 있는 청년, '꿈에 그린' 아파트에서 뛰어 노는 건강한 아이들, '롤루' 하며 즐겁게 화장실에서 나오는 아저씨, '보일락~ 말락~'하게 짧은 치마를 입고 경쾌하게 걷고 있는 아가씨. 이들을 보면 무엇이 떠오르는가? 누구와도 비교할 수 없는 특별함을 중요하게 여기는 사람이라면 '더블랙' 카드나 '더퍼플' 카드를 가지고 있을 수도 있다. 만약 자신의 실용적인 안목과 세련된 감각을 드러내고 싶다면 'VLUU' 카메라를 골라보는 것은 어떨까?

사람들의 관심을 끄는 데 성공한 브랜드들 중에는 이처럼 특정 이미지나 색상, 소리를 가진 것들이 있다. 최근에는 연상 이미지를 활용하여 음식물에서 이름을 따 온 재미 있고 친근한 브랜드도 있고, 고유한 색상으로 개성 있는 아이덴티티를 구축한 브랜드도 있다. 반복과 운율을 사용해 리듬감을 살린 브랜드도 찾아볼 수 있다.

'징글Jingle'로 대표되는 청각적 요소 역시 브랜드의 이미지를 결정하는 중요한 도구가 되고 있다. 색을 활용하는 컬러 브랜드는 형태적 차별화로 주목성을 높이는 비주얼 브랜딩처럼 특정한 이미지로 브랜드를 상징하기도 하지만, 동시에 브랜드 확장의 효과적인 방법이기도 하다.

단순히 소비자의 흥미를 유발하고 감성을 자극하는 데서 한 걸음 더 나아가, 커뮤니케이션의 효율성을 높이고 브랜드 가치를 제고하는 맛있고, 예쁘고, 즐거운 브랜드의 세계로 들어가보자.

TREND 13 맛있는 브랜딩

식감에서 호감으로

　멜론, 피망, 팝콘, 망고, 초콜릿, 토스트 등 이름만 들으면 당연히 먹는 것으로 생각할 것이다. 하지만 이것이 단순히 먹는 것을 떠나 제품과 서비스를 표현하는 브랜드라고 한다면 어떠한 제품을 연상할 것인가? 이렇게 업종을 초월하고, 기존의 상식을 깨는 맛있는 음식의 이름을 따는 브랜딩은 왜 하는 것일까? 그 이유는 일반 소비자들에게 친근한 느낌을 전달하면서도 독특성과 호기심을 유발할 수 있어 브랜드를 쉽게 고지시키고 오래 기억하게 만들 수 있기 때문이다. 게다가 그것이 제품이나 서비스의 특성과 딱 맞아 떨어질 때에는 브랜드의 자산으로 더욱더 강력하게 구축될 수 있다는 장점이 있어 시장이 성숙기에 달하고 경쟁이 치열한 업종에서 두드러지는 현상이다. 맛있는 브랜드의 전략적 활용 형태 및 다양한 업종에서 보여지는 대표적인 사례들에 대하여 살펴보자.

구체물의 이미지를 브랜드에 직접 활용한다

　누구나 좋아하고 즐겨 먹는 식품을 브랜드로 활용하는 데 있어서 구체물 자체가 보유하고 있는 속성과 이미지를 직접적으로 적극 연계하는 브랜드들이 있다. 으레 '보수적'라는 이미지를 떠올리게 하는 동부증권

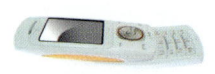  

LG CYON의 바나나폰　　　동부증권의 HTS브랜드　　　KBS인터넷라디오

의 경우, 회사의 온라인 시스템 관계자들은 우선 HTS^{Home Trading System}부터 밝고 신선한 느낌으로 재탄생시키겠다는 목표를 세웠다. 기존 HTS인 'Winnet Pro'의 스피드라는 강점을 강화하면서 젊은 이미지를 부각시킬 수 있는 브랜드를 공모했고 최종적으로 팝콘으로 결정했다. '팝콘'의 빠르고, 젊고, 톡톡 튀는 이미지는 서비스가 지향하는 방향과 잘 맞았다. 동부증권은 팝콘 이미지와 연계된 적극적인 브랜드 마케팅을 통해 높은 성과를 달성하는 데 성공하였다.

세계적으로 휴대폰의 보급률이 급성장하고 경쟁이 심화되면서 애니콜, 싸이언, 모토로라 등 모 브랜드의 이미지만으로는 새롭게 출시되는 제품을 전달하는 데 한계에 이르렀다. 이런 상황을 잘 반영하듯, LG전자는 신제품의 외형, 지향가치, 주요 타겟을 소구점으로 삼은 펫네임 브랜딩으로 시장에서 히트를 치고 있다. 슬림한 디자인에 블랙 & 화이트 컬러의 휴대폰은 초콜릿폰으로, 바나나 모양의 디자인에 노란색이 가미된 슬라이드폰은 바나나폰으로, 누구나 쉽게 즐길 수 있는 풀터치폰은 쿠키폰으로, 중장년층을 위한 실버폰은 와인폰으로 커뮤니케이션하고 있다.

KBS인터넷 라디오 '콩'은 콩의 이미지를 캐릭터화하여 생활과 업무에 밀접하고 누구나 접근하기 쉬운 브랜드의 속성을 표현하고 있다.

이렇듯 다양한 브랜드들이 자신을 맛있는 음식에 비유하면서 그 구체물이 갖고 있는 이미지와 형태를 적극적으로 활용하고 있다.

구체물의 이미지를 연계하면서 부가적 의미를 부여한다

　구체물의 이미지를 적극적으로 연계하다 보면 전형적인 연상으로 고착화되는 단점이 있다. 그것이 제품이나 서비스와 딱 맞아떨어질 때에는 브랜드 이미지를 전개해 가는 데 큰 문제가 없지만, 별도의 가치나 이미지를 소비자들에게 전달하고 싶은 경우에는 거기에 또 다른 의미를 부여함으로써 이미지 변화를 줄 필요가 있다.

　SKT의 뮤직 포털 사이트 브랜드 '멜론'은 그야말로 과일 멜론을 형상화한 브랜드이지만 발음상에서 멜로디^{Melody} 온^{On}으로 자연스럽게 연결되면서 뮤직사이트라는 카테고리의 연관성을 높였고 그에 따라 뮤직사이트의 대표성을 확보할 수 있었다.

　네오위즈의 게임사이트 '피망'은 Pimento$^{야채\ 피망}$을 Pmang으로 표현하고, 폭탄 비행선을 연상시키는 강력한 아이덴티티 디자인을 통해 야채 피망으로는 전달하기 어려운 즐겁게 터지는 게임의 이미지를 커뮤니케이션하였다. KT의 모바일 컨텐츠 '토스트'는 Toast를 Toest로 철자 변형시킴으로써 브랜드에 새로운 의미와 이미지를 부여하였고, 상표권 확보의 가능성 또한 높일 수 있었다.

SKT의 뮤직 포털사이트

네오위즈의 게임 사이트

KT의 모바일 컨텐츠

구체물의 이미지를 배제하고 다른 이미지를 구축한다

CJ미디어의 라이프스타일 채널 '올리브'와 스페인의 패션 브랜드인 '망고'의 경우에는 브랜드네임만 올리브와 망고이지 구체물의 이미지와 전혀 연계하지 않는 전략을 취하고 있다. 올리브는 스스로를 풍요로운 라이프 스타일의 모든 것을 뜻하는 올^{all}+리브^{live}로 의미 부여함으로써 감각적인 이미지를 추구한다. 망고도 노란색 열대과일이 갖고 있는 이미지와는 달리 도회적이고 시크한 스타일의 미니멀한 이미지로 브랜드를 전달하고 있다. 이는 올리브나 망고 같은 친근하고 익숙한 브랜드네임으로 고객들에게 쉽게 다가간 다음, 고객 가치에 맞게 브랜드 이미지를 만들어가는 전략이라 할 수 있다.

맛있는 브랜딩의 기대 효과

무엇인가 남달라야 한다는 것은 차별화의 전제이고 다르다는 것만으로도 고객의 관심을 끌거나 쉽게 기억될 수 있다. 실제로 이는 브랜드 조사 결과로도 입증되고 있다. 한국능률협회 브랜드 파워 지수를 보면, 차별화된 브랜드의 파워 지수가 높아지고 있는 것으로 나타났다. 치열한 경쟁 시장에서 독특하지도 않고 눈에도 띄지 않는 브랜드는 고객의 선택을 받을 수 없다.

이러한 상황에서 고객들에게 친근한 구체물을 브랜드네임으로 활용한다면 브랜드를 보다 쉽고 효율적으로 고지시킬 수 있다. 또한 구체물의 연상 이미지를 브랜드에 적용함으로써 적은 마케팅 비용으로 브랜드 이미지를 쉽게 구축할 수 있다.

하지만 여기서 주의할 점이 있다. 구체물을 브랜드네임으로 가져갈 경우에는 그것이 가진 이미지가 브랜드의 컨셉과 가치, 개성에 적합한지 아닌지를 잘 판단하여 전략적인 활용도를 결정해야 한다. 브랜드가 지향하는 방향과 구체물의 이미지가 맞지 않을 때는 새로운 의미를 부여하거나 다른 이미지를 만들어냄으로써 구체물의 전형적인 이미지로 고착되지 않도록 해야 한다.

TREND 14 컬러 브랜딩

컬러의 상징은 진화한다

　컬러마다 고유한 상징적 이미지가 존재한다. 일반인들이 인식하기에 붉은색 계열Magenta은 강렬함, 열정을 의미하고 푸른색 계열Cyan은 이성, 신뢰, 드넓음을 의미하며 녹색 계열Khaki은 차분함 또는 자연 지향을, 노란색 계열Yellow은 발랄함, 젊음, 신선함을 의미한다. 이런 4가지 계열의 컬러를 더 세분화시켜보면 이미지 속성 역시 구체적으로 표현할 수 있을 것이다.

　컬러를 가장 일반적으로 구분하는 방법은 차가운 색과 따뜻한 색이다. 기업 컬러를 연구한 자료를 보면 국내외를 불문하고 가장 많은 컬러가 Blue와 Red로 나타났다. 국내의 대표적인 Blue 계열 기업은 삼성그룹, Red 계열은 LG그룹이 있다. 삼성그룹은 세계 최고의 일류기업을 지향하는 기업문화에 맞게 스마트한 이미지로서 인식되고 있는데 이는 차가운 지성의 이미지인 Blue와 잘 어울린다. 삼성그룹의 가장 큰 라이벌인 LG그룹의 경우 널리 알려져 있다시피 '인화'를 경영철학으로 삼고 있는 만큼, CI에 표현된 사람의 웃는 얼굴과 함께 Red 컬러가 따뜻한 인간미를 느낄 수 있다.

　이렇듯 컬러의 활용은 연령, 문화, 시간을 초월하는 보편적 이미지, 관습, 고정관념에 의존하는 경향이 크다. 그러나 컬러에 대한 인식은 고정

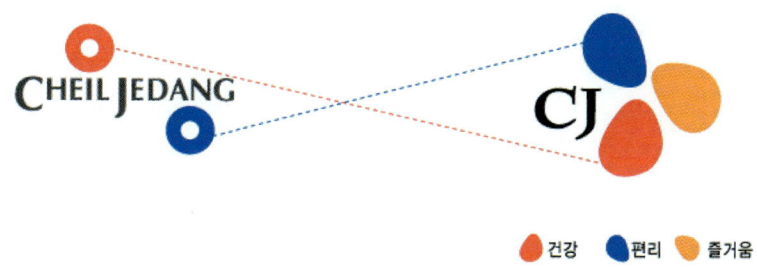

CJ의 새로운 CI 컬러는 기업 가치의 계승과 발전을 대변한다.

되어 있지 않다. 소비자가 속한 각자의 문화 속에서, 각자의 생활 속에서 발견하고 의미하는 바가 달라지기도 하기 때문에 그 특정 성격을 부각시킴으로써 기업은 원하는 메시지를 컬러에 부여할 수 있게 된다.

이처럼 컬러의 상징은 일반인들의 인식 속에서 누구나 수긍할 수 있는 감정을 이끌어내며, 기업은 이러한 개연성을 근거로 기업 가치를 컬러로 녹여내기도 한다. 따라서 기업의 아이덴티티를 정립하면서 기업 CI, BI의 컬러를 통해 기업 가치에 대한 의미 부여를 정교화할 수 있다. 예를 들어, 2004년 CI를 개편한 CJ는 기업의 사업군에 대한 의미뿐 아니라 기업의 3대 지향가치인 건강, 편리, 즐거움을 각각 레드^{Red}, 블루^{Blue}, 옐로우^{Yellow}로 나타내고 있다.

CJ는 기업 브랜드를 '제일제당'에서 CJ로 바꾸면서 제일제당의 컬러인 레드^{Red}와 블루^{Blue}를 계승하는 동시에 새로운 컬러인 옐로우^{Yellow}를 추가했다. 기존 심볼의 컬러를 계승한 것은 기존 사업의 영속성을 의미하며 새 심볼에 새로운 컬러를 추가한 것은 새롭게 커가는 신 사업군의 육성을 의미한다. 이처럼 CJ의 3가지 컬러는 기존 사업과 미래 사업의 공존이라는 가치를 대변한다.

관습적 인식을 활용한 컬러 브랜드

컬러의 상징이 부여하고자 하는 핵심 가치나 소비자들의 인식 변화에 따라 달라지기도 하지만 컬러의 적용은 일정한 전형성을 가지고 있다. '골드'는 다소 식상할 정도로 '프리미엄', '프레스티지Prestige'의 대명사로 쓰이고, 패션계에서 '블랙 라벨Black Label'은 고급 라인을 의미한다. 이러한 패션 분야에서의 '블랙'의 지위는 다른 영역에도 영향을 미쳐 '블랙'이 프리미엄 고객이나 제품을 대상으로 하는 코드로 점차 인식되고 있다. 또한 업종에 따라서 특정한 컬러가 특정한 의미를 띠는 것으로 관습화되어 있기도 하다. 'Green'은 담배 업계에서 Menthol멘솔을 의미하며, 'Sliver'는 많은 업종에서 노인층을 위한 제품을 가리키는 데 사용된다.

브랜드들은 이처럼 관습화된 컬러의 관념을 브랜드에 적용하고 확장한다. 대표적인 사례로 현대카드의 더블랙The Black 과 더퍼플The Purple을 꼽을 수 있다. 더블랙The Black 의 어원을 살펴보면 '블랙 스완Black Swan'이라는 영어 단어에서 유래한다. 백조에 대한 통념은 '하얗다'라는 것인데 '검은 백조'이니 당연히 진귀하고 희귀한 무언가를 의미하게 된 것이다. 이미 카드업계에서도 아멕스Amex가 최고급 센트리온Centurion 카드에 블랙 컬러를 적용하면서 '블랙 카드'로 통칭되기도 하였다. 골드 카드와 플래티넘 카드가 일반화되면서 블랙Black이 새로운 고급 카드의 상징으로 부상한 것이다.

블랙의 위력은 국내 카드 업계에서도 나타나고 있다. 현대카드는 더블랙 카드를 발행하면서 9,999명의 VVIP들을 엄선해 회원 자격을 부여했고, 월 1억원의 사용 한도와 100만원의 연회비를 책정했다. 또한 회원들

현대카드의 더블랙(The Black), 더퍼플(The Purple)

에게는 전용 헬기, 리무진 서비스 등 최고급 서비스를 제공하고 있다. 뿐만 아니라 세계적인 디자이너인 카림 라시드$^{Karim\ Lacid}$에게 카드 디자인을 의뢰하였다. 이처럼 더블랙 카드는 '누구나 원하지만 아무나 갖지 못하는 카드'의 이미지를 구축함으로써 성공을 거두었다.

더블랙$^{The\ Black}$의 성공 이후 현대카드는 전통적으로 '고귀함'을 상징하는 컬러인 '퍼플^{Purple}'로 브랜드를 확장했다. 동서양을 막론하고 역대 귀족과 왕실을 상징하는 컬러는 자색^{紫色} 즉 퍼플^{Purple}이었다. 특화된 최고급층을 더퍼플$^{The\ Purple}$ 카드의 타깃으로 설정하면서 현대카드는 퍼플이 상징하는 고상함과 특권의식을 극대화하는 화두를 던졌다. "보라색은 누구에게나 허용된 색이 아니다. 당신은 보라색을 감당할 수 있겠는가?"

새로운 해석으로 주목받는 소프트 컬러

'슬림'을 디자인의 대세로 만들며 세계 휴대폰 시장을 휩쓴 모토로라 레이저^{RAZR}의 기세가 한풀 꺾이는가 싶더니 다시 그 열풍을 이어가는 새로운 코드를 내놓았다. 그것이 바로 '핑크'다. 몇몇 용감하고(?) 자의식 강한 여성들의 편중된 사랑을 받을 것 같던 핑크 레이저는 다시 한 번 '핑크

열풍을 곳곳에 퍼뜨리며 레이저 제국의 영광을 재현했다.

그런가 하면 '평범한 사람들을 위한 평범하지 않은 속옷'을 표방하며 속옷의 새로운 장을 연 빅토리아 시크릿Victoria's Secret은 최근 캐주얼 잠옷과 속옷라인 브랜드로 '핑크Pink'를 런칭하였다. 이 세계적인 속옷 브랜드가 핑크 컬러가 가진 섹스 어필하면서 몽환적인 신비감에 새롭게 주목한 것이다.

핑크 컬러의 최근 인기는 그것이 단지 튀어 보이는 색이기 때문만은 아니다. 근본적으로 '핑크'라는 컬러가 이 시대 소비자들의 욕망, 소비자들이 동일시하고자 하는 아이덴티티를 대변하기 때문에 가능한 것이다. 핑크는 이성理性과 남성성이 지배하는 첨단 IT의 시대에도 자신의 스타일과 소녀적 감수성을 표현하고 싶어하는 여성들의 욕망을 대변한다. 그리고 앞서가는 세련된 트렌드 선도자로서의 자신감을 상징한다.

오렌지색은 그 동안 기업 컬러로 거의 사용되지 않고 있었다. 기업을 대표하는 컬러는 진중함, 무게감, 신뢰성 등의 가치를 대변해야 한다고 믿었기 때문이다. 그러나 오늘날 기업들 사이에서 감성, 고객지향, 창의성, 새로움 등의 소프트한 가치가 부각되면서 오렌지 컬러가 기업 컬러로 등장하고 있다. 이러한 현상은 하이테크 업종에서 특히 두드러지고 있는데, 반도체 전문기업 하이닉스Hynix, 이름 자체가 오렌지인 영국의 통신사 오렌지 텔레콤Orange Telecom이 대표적인 예이다. 네덜란드계 보험회사인 ING생명은 오래 전부터 오렌지공소 전통을 따라 네덜란드의 국가 컬러인 오렌지색을 적용해 오고 있다.

감성적 특성을 가진 오렌지색은 기업 이미지를 리뉴얼하는 작업에서도 핵심적인 보조 컬러의 역할을 담당한다. 삼원색인 블루, 레드, 옐로우

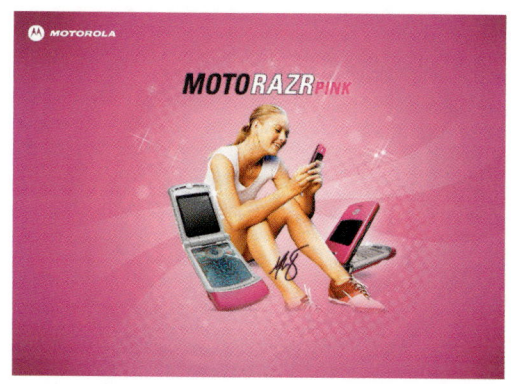

핑크는 오늘날 소비자들의 감성적 욕망을 대변한다.

오렌지색은 기업의 감성적 가치를 전달한다.

오렌지색은 편안하고 친근하며 따뜻한 느낌을 준다.

의 명확한 컬러감에 비해 레드와 옐로우가 적절히 섞인 컬러인 오렌지는 편안하고 친근한 느낌, 따뜻한 기운을 느끼게 한다. SK그룹이 최근 CI를 리뉴얼하면서 기존 컬러인 레드와 함께 적용한 오렌지색은 SK의 딱딱한 이미지를 부드럽게 변화시키는 효과를 주고 있다.

    KTF의 경우도 CI를 재활성화하는 과정에서 기존 CI의 블루, 그린과 조화되는 컬러 포인트로 오렌지색을 선택하였고, 이 컬러 모티브는 다양한 커뮤니케이션, 제품 등에 확장 적용되어 기업 이미지를 신선하고 밝게 변화시키고 있다.

컬러는 복잡한 사업구조를 체계화한다

브랜드를 확장하는 가장 일반적인 방법은 언어Verbal를 통한 확장이다. A라는 브랜드를 다양한 영역으로 확장한다면, 대개 'A + OOO'의 구조를 갖게 될 것이다. 예를 들자면, GE가전GE Appliance, GE금융GE Finance, GE에너지GE Energy와 같은 식으로 적용되는 것이다. 이처럼 확장 과정에서 다양한 영역들을 하나의 브랜드, 하나의 컬러로 포괄할 경우 강력한 통일감을 확보할 수 있지만 개별 브랜드들의 개성이 묻히게 된다.

그렇다면 확장에 있어 통일성과 개별 브랜드의 개성 모두 만족시킬 수 있는 방법은 없을까? 언어와 결합된 컬러의 적용이 그 해답이 될 수 있다. 확장을 통해 복잡해진 사업영역을 체계화하는 데에는 백마디 말보다 한눈에 들어오는 컬러가 더 유용할 수 있다.

페덱스FedEx의 사례를 살펴보자. 페덱스 그룹의 통일된 아이덴티티는 볼드bold한 서체와 '페덱스 퍼플Fedex Purple'이라 불리는 퍼플 컬러에 있다. 이 핵심 아이덴티티는 소비자들이 원하는 서비스를 '절대적으로 그리고 기꺼이Absolutely and positively' 수행하겠다는 페덱스의 의지와 정신을 담고 있다. 그리고 이 핵심 아이덴티티는 전세계를 관통하는 유통, 운송, 비즈니스 정보 서비스 등 모든 사업영역에 일관되게 적용된다.

페덱스Fedex 브랜드의 확장을 살펴보면 사업 영역들 간에 상호 밀접

퍼플 컬러는 페덱스(Fedex)의 서비스 정신을 상징한다.

한 연관성을 갖고 있는 것을 발견하게 된다. 브랜드 전략 역시 이러한 사업 전략과 맞물려 전개되고 있다. 페덱스의 전략 스테이트먼트Strategy Statement에도 확장된 사업구조를 탄탄하고 조직적으로 관리하고자 하는 의도가 드러나 있다. 즉, 독립적으로 업무를 수행하되 하나의 브랜드, 하나의 목소리를 통해 이미지를 대표하고 소비자의 브랜드 충성도를 통합적으로 관리하겠다는 전략을 선언하고 있다. 그리고 그 대표적인 수단이 바로 컬러 확장이다.

컬러 확장은 페덱스의 모든 사업 영역을 동일한 디자인 시스템으로 묶어냄으로써 통일성을 부여하는 한편, 개별 사업 영역에 서로 다른 컬러를 적용해 개성을 표현하는 전략이다. 페덱스Fedex는 주컬러인 보라색을 근간으로 하면서 운송Express에는 오렌지색, 소형 운송Ground에는 녹색, 무역Trade Network에는 노란색을 적용하였다.

일본의 철도그룹 JRJapan Railways Group도 페덱스처럼 컬러를 근간으로 브랜드 확장을 하였다. 사업 효율성을 높이기 위해 여객철도 부분을 지역별로 분리한 JR은 각 지역 회사들이 운영은 자율적으로 하되 CI 시스템은 통일성을 유지하도록 하였다. 즉, 공통적으로 JR형태를 유지하는 가운데 컬러를 활용해 각 지역 회사들의 독립성을 표현하는 것이다. JR은 홋카이도 지역은 연두색, 동해도 지역은 녹색, 서일본 지역은 하늘색, 큐슈 지역은 붉은색을 적용하였다.

Operate independently by focusing on our independent networks to meet distinct customer needs.

Compete collectively by standing as one brand worldwide and speaking with one voice.

Manage collaboratively by working together to sustain loyal relationships with our workforce, customers

페덱스의 전략 스테이트먼트

컬러 통한 브랜드 확장 – 페덱스, 일본의 철도그룹 JR

컬러 컨설턴트인 케이시 라만쿠사(Kathy Lamancusa)는 "소비자가 제품에 대해 가지는 첫인상의 60%는 컬러에 의하여 결정된다."고 말하였다. 이렇듯 컬러는 브랜드가 사람들의 마음을 이끌고, 자신의 개성을 드러내며, 메시지를 던지는 데 중요한 역할을 한다. 옷의 컬러가 그 사람의 직업, 사회 경제적 지위, 취향, 성격을 보여주듯이 브랜딩에서도 컬러 선택이 매우 중요하다.

브랜드를 대표하는 컬러와 그것을 지원하는 보조 컬러의 선택은 신중할 필요가 있다. 컬러를 선택할 때는 소비자들의 문화와 생활 속에서의 컬러의 의미와 상징성, 경쟁사나 다른 기업들의 사용 빈도, 궁극적으로 확보하고자 하는 아이덴티티와의 관계 등을 종합적으로 고려해야 한다.

컬러에 기초한 브랜드 시스템은 다양한 사업 영역들을 포괄하는 브랜드 아키텍처Architecture를 수립하는 데 효과적이다. 복잡한 브랜드 체계의 통일성과 개성을 모두 표현할 수 있기 때문이다. 그러나 무분별한 컬러 확장을 하게 되면 핵심 이미지를 잃어버릴 수 있으므로 좀더 전략적인 접근이 필요하다.

TREND 15 반복 브랜딩

리드미컬하게
브랜드를 인식시킨다

"쇼 곱하기 쇼는 쇼, 쇼 곱하기 쇼 곱하기 쇼 곱하기 쇼는 쇼"

2007년 3월 '쇼'KTF의 WCDMA 서비스가 전국 서비스를 시작한 이후 5개월 만에 가입자 100만 명을 돌파하는 등 전국에 '쇼' 돌풍을 일으키고 있다. 3G시장에서 1위가 되겠다는 전략적 목표를 달성하기 위해 초기에는 KTF를 뒤로 하고 브랜드만을 적극적으로 내세웠다. 단음절의 명확한 컨셉, 임팩트 있는 디자인의 '쇼'는 어디를 가든 볼 수 있었다. 그리고 최근

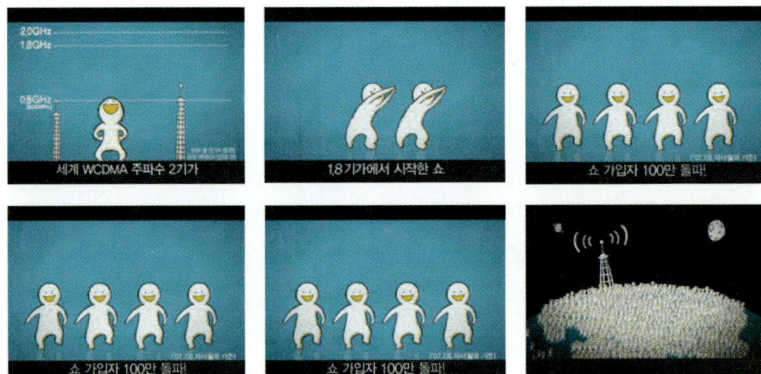

KTF 쇼의 TV 광고

에는 "쇼곱하기 쇼는 쇼" 광고가 많은 인기를 얻고 있다. 여러 번 반복해도 지루하지 않고 자꾸만 따라 하고 싶게 만드는 중독성까지 있다. 이것이 바로 누구나 따라 할 수 있을 만큼 쉽고 단순한 징글의 매력이다.

단순한 개념을 반복하면서도 징글의 요소를 부여하여 흥미를 유발하는 브랜드 커뮤니케이션은 정말 효과적이다. 이러한 방법은 브랜딩에도 많이 이용되고 있는데, 특히 반복을 통해 소비자들에게 브랜드를 각인시키는 사례를 세가지 유형을 중심으로 살펴보자.

동음을 반복해 브랜드 컨셉을 강조한다

'친친', '롤롤', '쿠쿠', '락앤락' 등과 같이 동음이 반복되는 브랜드들이다. '친친chinchin'은 KT 메가패스 고객들을 위한 지능형 3D 캐릭터 서비스 브랜드이다. 요즘 젊은 사람들은 축약해서 말하는 것이 유행인데 그러한 젊은 층의 코드도 반영하면서 친한 친구의 의미를 '친'의 반복을 통해서 강조하고 있다. '락앤락Lock & Lock'의 경우도 마찬가지이다. 네이밍에서 잠그다, 밀폐하다의 영어인 Lock을 두 번 반복함으로써 정말 밀폐가 잘 되고 절대 새지 않을 것 같은 이미지를 구축하면서 동시에 밀폐용기 카테고리의 대표성까지 확보하고 있다.

'롤롤lollol'은 특별한 의미는 없지만 동일한 발음과 철자를 반복함으로써 소비자의 흥미를 유발하고 신선하고 젊은 이미지를 창출한다. 특히 두 명의 사람이 만세를 부르는 것처럼 보이는 시각적 효과 및 청각적 재미가 부각되는 브랜드이다.

동음 반복 효과를 활용한 브랜드 – 친친, 락앤락, 롤롤, 쿠쿠

전자밥솥 '쿠쿠cuckoo'는 영어로 뻐꾸기와 그 울음소리인 뻐꾹을 의미한다. 한국어 발음으로 쿠쿠인데 '쿠'라는 동일음이 반복되면서 재미를 유발한다. 전자밥솥이라는 제품에 걸맞게 '쿡cook' 발음과의 연관성을 가지면 쿡+쿡=쿠쿠로 그 의미를 전개한다. 그리고 실제 밥이 다 되었을 때 뻐꾸기 울음소리가 나게 함으로써 브랜딩을 더욱 강화하고 있다.

유사한 음을 일정한 위치에서 반복한다

시의 운율은 동음을 반복하거나 동일한 음절 수를 반복함으로써 만들어지지만, 같거나 비슷한 소리를 일정한 위치에서 반복하는 방법으로도 만들어진다. 시의 운율 중 하나인 두운을 활용한 브랜드 사례로 위즈위드wizwid를 들 수 있다. 위즈위드는 해외 프리미엄 상품 구입을 대행해주는 쇼핑몰 브랜드로, '비상한 재주를 가진 사람'을 의미하는 wizard의 wiz와 '전세계를 연결하는 서비스'를 의미하는 Worldwide의 wid를 합성해 만들어졌다. 브랜드가 지향하는 의미가 좋고 운율도 있어 브랜드를 인식시키는 데 효과적이다.

폰앤펀, 킬로카이도 마찬가지로 두운의 반복을 통해 운율을 형성하고

운율 효과를 활용한 브랜드 - 위즈위드, 홍짜힘짜, 폰앤펀, 킬로카이

있다. 폰앤펀$^{Phone\ \&\ fun}$은 LG텔레콤의 제품 구매, 서비스 체험이 가능한 종합 모바일 서비스 매장 브랜드이다. 폰과 펀은 전혀 다른 의미를 가지고 있으나 통신서비스가 추구하는 엔터테인먼트 가치를 나타내는 '펀'을 붙임으로써 두운을 살리고 의미상의 재미도 더해주고 있다.

킬로카이$^{Kilo\ Kai}$는 미국의 스파이스럼$^{spiced\ rum}$으로 기존의 럼^{rum}에 콜라를 첨가해 맛을 더욱 향상시킨 젊고 스타일리쉬한 브랜드이다. 킬로카이는 하와이 말로 번역하면 '바다를 바라보다$^{observe\ the\ sea}$'는 의미이지만 Kilo킬로와 Coke코크를 빨리 발음을 하면 킬로카이가 된다. 킬로카이는 두운 법칙을 독특한 방식으로 활용한 흥미로운 사례라 할 수 있다.

실제로 일정한 위치에서 반복되어 운율을 이루는 방법으로는 앞서 말한 두운^{頭韻} 외에도 가운데 부분에서 반복되는 요운^{腰韻}과 끝부분에서 같은 음이 반복되는 각운^{脚韻}이 있다.

각운을 브랜딩에 적용한 사례로는 농협고려인삼에서 출시한 어린이용 홍삼 제품 '홍짜힘짜'가 있다. 이 브랜드는 '짜' 먹는다고 하는 제품 컨셉을 전면에 드러내면서도 홍삼 제품이 주는 효익에 대한 메시지를 동시에 표현하고 있다. 최종 소비자인 아이들에게는 재미를 느낄 수 있게 해주면서 실질적 구매자인 주부들에게는 아이의 건강이라는 가치로 소구한다. 홍삼을 맛있게 짜 먹으면서 힘을 쑥쑥 낸다는 간단 명료한 메시지가 '짜'

로 끝나는 각운을 형성함으로써 소비자들에게 브랜드를 효과적으로 각인시키고 있다.

의성어, 의태어를 사용해 운율을 부여한다

웅진의 비데 브랜드인 룰루LooLoo는 화장실의 의미를 지니고 있는 'Loo'의 반복으로 동음반복의 재미를 주는 한편 '룰루랄라'를 연상시킴으로써 비데 사용시의 소비자 효익을 재치 있게 전달하고 있다. 그리고 '룰루랄라'라는 의성어의 운율에 "닦지 말고 씻으세요~ 룰루~"와 같은 징글이 더해져 기분 좋은 느낌을 만들어낸다. 웅진의 룰루LooLoo는 자칫 불쾌한 이미지를 유발할 수 있는 제품의 속성을 코믹한 설정과 음악을 통해 친근감 있게 전달하고 있다.

웅진이 런칭한 또 다른 의성어 브랜드로 예예yeye가 있다. 예예는 웅진 해피올 회원제 홈클리닝 서비스 브랜드로, 항상 친절한 태도로 임한다는 '예스'의 의미와 기분 좋은 흥겨움을 나타내는 감탄의 의미를 중의적으로 담고 있다. 예예는 쉽고 친근하며, 재미 있는 음감을 가진 브랜드이다.

Wowow와우와우는 일본의 위성방송 서비스 브랜드이다. Wowow는 경탄과 감동을 표현하는 영어의 감탄사인 'WOW'를 두 번 반복하여 브랜드 컨셉을 강조하는 동시에 시각적이고 청각적인 운율을 형성한다. 3개의 W에는 'World-Wide-Watching'이라는 의미를 부여하여 전세계에 신선한 감동을 전달한다는 기업 비전을 표현하였다. 친한 친구에게 말을 걸듯이 편하게 '와우~와우~'하고 불러달라는 의미로 개발되었다고 하는

의성어, 의태어를 활용한 브랜드 - 룰루, 예예, 와우와우

Wowow와우와우 브랜드는 반복의 묘미를 살려 대중적이고 친근한 방송이라는 메시지를 전달한다.

반복과 운율을 활용한 브랜딩 효과

우선, 브랜드 인지도 측면에서 살펴볼 수 있다. 수많은 브랜드와 광고들 사이에서 하나의 브랜드를 기억시키는 일은 쉽지 않다. 하지만 브랜드에 운율적인 요소가 있다면 리듬감 있게 전달할 수 있어 다른 브랜드와 차별성을 가질 수 있다.

두 번째, 친근하고 자연스럽게 메시지를 전달할 수 있다. 특히 소비자들이 일상생활 속에서 흔히 사용하는 의성어라면 더 친근하게 소비자들에게 소구할 수 있을 것이다.

마지막으로, 화제성을 불러일으킬 수 있다. 롯데칠성음료의 '미녀는 석류를 좋아해'는 인기 배우 이준기를 모델로 기용하기도 하였지만, 광고 속에서 이준기가 부르는 트로트풍의 CM송으로 큰 화제를 불러모았다. 다소 긴 브랜드네임을 CM송을 통해 쉽고 재미있게 전달할 수 있었고 3음절씩 떨어지는 음절수 반복이 주는 묘미 또한 작지 않았다.

감성의 시대가 도래하면서 반복과 운율이라는 음악적 요소는 감성 자극의 촉매제가 되고 있다. 친근함과 새로움을 동시에 부여하는 반복과 적절한 리듬을 살리는 브랜딩으로 소비자들의 감성을 잡아보는 것도 브랜드 마케팅의 차별화 포인트가 아닌가 싶다.

TREND 16 청각 브랜딩

귓가에 맴도는 브랜드

대부분의 사람들이 공포영화를 보다가 어떤 사건이 벌어진다는 것을 예감할 수 있는 것은 단순히 눈으로만 보는 것이 아니라 귀를 통해서도 보기 때문이다. 공포영화를 더욱 공포영화답게 만드는 가장 중요한 요소가 바로 음향이다. 그래서 미리 귀를 막거나 눈을 감는 준비를 하는 것이다. 영화에서뿐 아니라 실제 생활에서도 우리는 소리를 통해서 많은 상황을 짐작하고 예상한다. 가령 사이렌 소리가 울리면 화재를 떠올리고, 쨍그랑 소리가 나면 깨진 접시나 유리를 떠올리는 것처럼 우리는 경험에 의해 습득된 소리로 상황을 시각화할 수 있는 능력을 지니고 있다.

오래 전부터 광고는 귀를 자극하는 이러한 소리들을 활용해왔다. 라면 광고에서 유독 라면 먹는 소리가 크게 들리는 이유도 바로 여기에 있다.

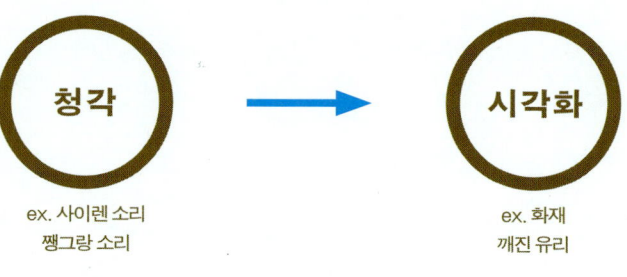

청각의 시각화

펩시콜라의 상쾌한 병 따는 소리, 치약 광고의 뽀드득 소리도 모두 그 제품 또는 브랜드의 이미지를 알게 모르게 소리를 통해 전하고 있는 것이다. 최근에 이러한 청각 요소는 단순히 제품의 속성을 드러내는 소리뿐 아니라 새로운 감성을 자극하고 브랜드 이미지를 결정하는 요소로 각광받고 있다.

새로운 감성 전달, 청각을 통한 감성 자극

대부분의 사람들은 '브랜드' 하면 시각화된 로고나 심볼만을 떠올린다. 그러나 브랜드는 단순히 하나의 형태로만 존재하는 것이 아니라, 브랜드 네임, 로고, 심볼뿐 아니라 캐릭터, 슬로건, 징글, 패키지 등 다양한 구성 요소의 결합으로 형성된다. 그 중에서 징글Jingle은 브랜드의 이미지를 소비자에게 각인시키기 위해 사용되는 소리나 멜로디, 장단 등 모든 음향요소를 뜻한다. 징글은 광고에서 매우 중요한데, 배경음악에서부터 CM송, 브랜드를 알리는 소리, 작은 음향효과까지 곳곳에서 찾아볼 수 있다.

제품의 속성 및 기능을 부각시키는 데 중점을 두었던 광고가 이제는 주로 소비자의 감성에 호소하는 내용으로 변모했듯이, 최근의 징글은 상품 자체의 소리를 강조하기보다는 브랜드의 성격을 표현하거나 소비자에게 감성적으로 소구하는 데 중점을 두고 있다. 뮤지컬 형식의 광고를 지속적으로 펼치고 있는 하이마트는 '하이마트로 가요~'라는 징글을 통해 '단순한 전자제품 쇼핑몰이 아닌 즐거움과 새로운 생활이 있는 곳'이라는 메시지를 유쾌하게 전달한다. 또한 최근 여러 연예인이 시리즈로 출연하

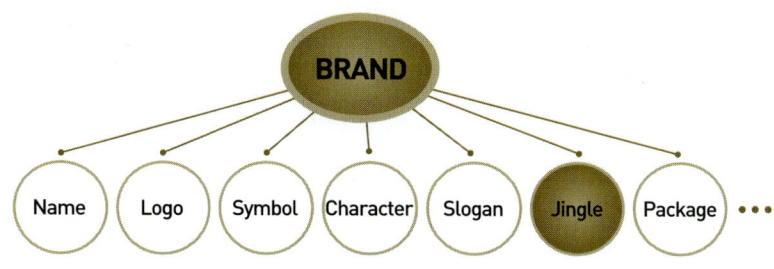

브랜드를 구성하는 다양한 요소들

는 에쓰오일 광고는 '나는야~ 에쓰오일 에쓰오일~ 좋은 기름이니까'라는 CM송으로 브랜드의 품질 경쟁력을 코믹하게 전달한다. 현대자동차의 i30는 '달라~달라~'라는 CM송을 통해 '특별한 나를 위한 차'라는 이미지를 발랄하게 전달한다.

주방기기 업체인 테팔은 손잡이를 분리하여 사용할 수 있는 제품을 개발하고 이를 출시하기까지 오랜 시간이 걸렸다. 제품의 디자인과 활용도는 뛰어나지만, 냄비의 특성상 손잡이를 떼었다 붙였다 하는 것이 불안해 보일 수 있기 때문이다. 그래서 테팔은 광고에서 손잡이 부착시 스키를 착용할 때 나는 소리를 넣어 소비자에게 안전하다는 인식을 심어주었다. 스포츠 음료인 파워에이드는 배경음과 음료수 병이 깨지는 효과음을 통해 경쾌하고 힘있는 제품 이미지를 전달하였고, 던킨도너츠는 얼음이 부딪치는 효과음을 통해 아이스라떼의 시원하고 청량한 이미지를 강조하였다. 이러한 효과음은 브랜드의 이미지를 보다 구체적이고 명확하게 전달하는 기능을 한다.

비단 광고에서뿐 아니라, 제품 자체의 소리나 마케팅 차원에서도 청각적 효과를 활용하는 사례가 늘고 있다. 로레알 계열의 화장품 브랜드인

현대자동차 i30 광고(위), 파워에이드 광고(아래)

랑콤은 용기 재질까지 고려해서 아침에 사용하는 모닝 크림은 청량한 소리, 저녁에 사용하는 나이트 크림은 부드러운 소리가 나도록 만들었다. 갤러리아 백화점의 패션관에서는 매일 오후 1시와 5시 두 차례 신청곡을 틀어주는 이벤트를 벌여 20대 고객이 증가하는 효과를 얻었다. 이처럼 소리, 음악 등 청각적 요소는 특정 분위기를 연출하여 듣는 이로 하여금 부담 없이 받아들이고, 감성적인 만족을 느끼게 한다.

소비자의 머리에 각인되는 소리

종근당 종소리는 우리나라 징글의 효시로 TV에서 종소리가 나면 누구나 종근당을 떠올리도록 만들었다. 반복된 광고를 통해 소비자의 머릿속에 각인되어 눈으로 보지 않아도 그 브랜드를 연상할 수 있도록 한 것이다. 최근에는 KT, SK텔레콤, LIG 등 많은 기업들이 자사만의 징글을 도입하여 브랜드 인지도를 높이는 효과를 톡톡히 보고 있다. 또한 미국에서

징글이 곧 브랜드로 인식된다. - MGM영화사, NBC방송사, 종근당

'아웃백~아웃백~' 징글로 유명한 아웃백 광고

는 이미 MGM영화사의 사자 울음소리나 NBC방송의 3중화음 차임 벨 소리 같은 징글에 대해 상표권을 인정하고 있다. 이처럼 청각의 높은 잔 상효과를 활용한 브랜드의 지속적인 노출은 특정 소리와 브랜드를 동일 하게 인식하도록 만든다.

사람들은 가끔 자신도 모르는 사이에 CM송을 흥얼거리곤 한다. 대표 적으로 아웃백에 가는 즐거움을 노래한 '아웃백~아웃백~', 오랫동안 이 어져온 새우깡의 '손이 가요~손이 가~', 큰 반향을 일으켰던 KTF(현 KT) 쇼Show의 '쇼 곱하기 쇼는 쇼' 등은 쉽게 따라 부를 수 있어 중독성과 전파 성이 강하다. 광고에 삽입되었던 배경음악을 우연히 길거리에서 듣게 되 면 누구의 노래인지 생각하기보다 어떤 광고에 나왔던 노래인지를 먼저 떠올리게 된다. 그리고 오래전 유행했던 노래가 광고를 통해 다시 사람들 의 호응을 얻고 인기 차트에 랭크되기도 한다. 이 모든 것이 청각 요소의 힘이다. 이처럼 시각 요소만이 아니라 청각 요소가 가미될 경우 브랜드에 대한 기억이 더 풍부하고 생생해진다.

소비자의 관심과 흥미 유발

사람들의 관심을 끄는 브랜드를 살펴보면, 대부분 사람들을 웃게 만드는 재미 요소가 빠지지 않는다. 사람들에게 큰 웃음을 줌으로써 단시간에 브랜드를 널리 알리고, 그 브랜드만의 독특한 이미지를 형성하는 펀 마케팅Fun Marketing이 큰 트렌드로 떠올랐다. 단순히 마케팅 수단으로서만이 아니라, 소비 트렌드, 사회문화적 성향으로 자리잡고 있는 펀 마케팅에서 빠질 수 없는 것이 바로 청각 요소이다.

전문가들에 의하면 청각적 요소가 시각적 요소보다 재미나 흥미를 유발할 수 있는 가능성이 더 높다고 한다. 노래가 없는 광고, 아무런 효과음이 없는 화면을 본다면 무성영화가 아닌 다음에야 사람들을 웃게 만들 수 있을까? 롯데칠성이 최근 출시한 '아일락' 광고를 떠올려보자. 단순히 잘 알려진 연예인이 나와 치마를 휘날리며 걷고 있었다면 지금만큼의 반향을 일으키지는 못했을 것이다. 익숙한 어린 시절의 멜로디인 '얼레리 꼴레리~'에 '보일락~말락~'이라는 가사를 붙이고, 배우의 행동에 절묘하게 맞춰 반복됨으로써 소비자의 관심을 끄는 데 성공했다.

반대로 광고의 이미지와 상반되는 청각 요소를 통해 오히려 흥미를 높이는 경우도 있다. SK텔레콤의 통합브랜드인 T는 일상생활에서 T서비스를 사용하는 재미있는 사례를 보여주는데, 이때 정직하고 진지한 나레이션을 통해 웃음을 배가시키는 효과를 주었다. 마치 사용방법을 친절히 설명해주는 듯한 차분한 톤으로 황당하거나 우스운 상황을 설명하는 이 광고는 다양한 시리즈를 통해 한동안 경쟁사에 비해 뒤처져 있던 인지도를 높이는 성과를 거뒀다.

롯데칠성 아일락 광고

　광고에서 청각 요소를 시각 요소와 조화 혹은 부조화되게 사용하는 것은 웃음을 증폭시키고 감정을 더 크게 자극한다. 비단 광고에서뿐 아니라 브랜드를 알리는 음향효과에서도 가령, 사자가 울부짖는 모습에 고양이 소리를 삽입한다든지, 전화벨에서 갑자기 트로트가 흘러나오는 등의 단순한 시도로도 큰 웃음과 재미를 유발할 수 있다. 펀 마케팅 트렌드가 계속되는 한 앞으로도 청각 요소를 활용한 재미있는 광고는 다양하게 펼쳐질 것이다.

　앞서 살펴본 바와 같이 브랜드의 청각 요소는 광고 또는 다양한 형태로 소비자에게 새로운 감성을 이끌어내는 자극제로 활용되고 있으며, 오랫동안 머릿속에 기억되어 브랜드 인지도를 향상시키는 훌륭한 마케팅 도구로 자리 잡았다. 또한 최근에는 펀 마케팅과 결합하여 공감각적 효과를 통해 재미를 극대화하기도 한다.

　그러나 한편으로 청각 효과에 대한 기업들의 관심이 높아지면서 효과음, CM송이 남용되는 경우도 종종 발생한다. 과한 것은 미치지 못한 것만 못하다는 말과 같이 지나친 사용이나 강조는 오히려 브랜드의 핵심을 가리는 역효과를 낼 수 있다. '뽀드득'이라는 음향 효과를 지나치게 강조한 나머지 치약 브랜드 자체는 소비자에게 전달되지 않은 사례에서 알 수 있듯이, 주와 객을 적절히 조화시키는 것이 중요하다는 것을 알 수 있다. 단순하여 쉽게 기억되면서 동시에 브랜드 메시지를 명료하게 전달하는 적절한 청각 요소를 찾아야 한다.

　최근 많은 기업들이 비즈링Bizring을 이용해 사원들의 전화 수신음을 자사 홍보에 활용하는 모습을 볼 수 있다. 전화 신호음을 바꾸는 간단한 서비스는 사원들과 전화를 거는 사람들 모두에게 좋은 이미지를 심어준다. 이와 같이 쉽고 작은 청각 요소를 활용하여 기업과 브랜드의 이미지를 만들어가는 다양한 시도들이 생겨나고 있다. 체험할 수 있는 소리를 만들고 시각적 요소와 함께 연출될 때 두 감각은 서로 시너지 효과를 창출한다. 이제는 단순히 시각적인 것에만 머무르지 않고 청각 등 다양한 감각을 동원해 브랜드에 대한 기억을 더 풍부하고 생생하게 만들어보자.

TREND 17 비주얼 브랜딩

문자로 그린 그림

모토로라의 'RAZR'란 브랜드를 처음 접했을 때, 많은 사람들이 어떻게 발음해야 할지 몰라 당혹해했다. 물론 이후 'RAZR'는 RAZOR면도칼의 축약이라는 사실이 밝혀졌지만, 여전히 생경한 표현 방식이 당혹스러운 느낌을 주는 건 사실이다.

'RAZR'는 어미와 어두에 R을 배치하고 알파벳의 첫 자인 A와 마지막 자인 Z를 중간에 둠으로써 브랜드 자체에서 시각적인 독특함을 보여주고 있다. 그리고 'RAZR'는 결국 RAZOR면도칼를 의미하기 때문에 제품 디자인이 날씬하다는 사실을 상징적으로 나타낸다. 분명 발음이 어렵고 브랜드가 지닌 의미가 선뜻 이해되기 어려움에도 불구하고 'RAZR' 브랜드는 타깃 소비자층의 톡톡 튀는 성향을 잘 반영함으로써 그들의 사랑을 한 몸에 받았다. 그리고 이를 증명하듯 모토로라는 'RAZR'를 통해 삼성전자를 누르고 전세계 휴대폰 시장에서 2위 자리로 도약하는 데 성공하였다.

최근 들어 'RAZR'처럼 시각적으로 '개성 넘치는' 브랜드들이 시장에 등장해서 성공을 거두고 있다. 이 브랜드들은 일단 시각적으로 튀어 보이겠다는 강한 의도를 내보이며 비주얼 브랜딩이란 새로운 트렌드를 주도하고 있다.

축약의 미학

삼성테크윈은 2006년 기존 KENOX 브랜드와는 차별화된 디자인과 성능을 지닌 'VLUU'라는 다소 독특한 형태의 브랜드를 출시하며 전세계 디지털 카메라 시장에 출사표를 던졌다.

VLUU는 'Vividly Luv U'의 축약 표현으로, "선명하게 현재의 너를 사랑하라"라는 의미가 있지만, 오히려 'Blue'의 철자 변형으로 보는 것이 본래 의도에 가까울 수 있다. VLUU는 모기업 삼성의 아이덴티티 컬러인 'Blue'를 상징적으로 나타내며, 디지털 카메라 제품에 있어 중요한 속성인 첨단 기술력과 디자인에 대한 자부심을 드러낸다. 구체적으로 '탁월한 화질'과 '푸른' 링이 둘러진 렌즈 경통 디자인, 그리고 얇고 감각적이며 '쿨한 cool' 디자인적 특성을 'Blue'라는 색상 키워드를 통해 차별화된 방식으로 전달한다.

이처럼 비주얼 브랜딩은 소비자의 브랜드에 대한 주목도를 높여주며 새로운 시각적 흥밋거리를 제공하는 동시에 제품이 지닌 핵심 편익을 상징적이고 축약된 형태로 잘 나타낸다.

삼성테크윈 VLUU

2006년 100만 대 규모로 급성장한 네비게이션^navigation 시장에서 하드웨어 경쟁만큼이나 소프트웨어 경쟁 역시 치열해지고 있다. 시터스에서는 기존 소프트웨어 시장을 장악한 링크웨이 아이나비^inavi와 만도 맵피^Mappy와 경쟁하기 위해 루센^Rousen이라는 소프트웨어를 출시하였다.

루센^Rousen은 언뜻 보기에는 영문 표현과 같지만, 실제로는 'Route Sense 길찾은 센스'란 두 개의 핵심 키워드를 한 음절씩 결합한 브랜드이다. 루센은 네비게이션 소프트웨어가 가져야 하는 '빠르고 정확하게 길 찾아주기'라는 핵심 역량과 편익을 축약 형태로 잘 설명해주고 있다. 또한 시각적으로 두 음절의 균형된 철자 구조를 가지고 있어 쉽고 명확하게 발음할 수 있다. 잘 지어진 브랜드 하나로 두 가지 이익을 얻고 있는 셈이다.

통일성의 미학

우성 타이어는 부도로 인해 형성된 기업에 대한 부정적 인식을 벗어나기 위해 Nexen이라는 새로운 사명을 채택했다. Nexen은 'Next Century'의 축약으로 미래지향적 가치와 균형된 성장에 대한 의지를 표현한다. Nexen는 철자에서 볼 수 있듯이 좌우 대칭으로 통일성을 주는데, 이와 같은 통일성은 주요 비주얼 브랜딩 사례에서 나타나는 특징 중 하나이다.

비주얼 브랜딩에서 통일성을 부여해주는 표현 방식은 크게 세 가지로 나뉜다. 우선 Nexen과 같이 좌우 대칭을 통해 철자의 통일성을 살린 경우가 있다. 화장품 브랜드 VOV도 이러한 사례 중 하나이다. 'Vision of Vision'의 약자인 VOV는 아름다움과 꿈을 추구하는 미래지향적 가치를 표방한다. VOV는 형태상 좌우 대칭의 모양새를 가짐으로써 소비자가 브랜드를 봤을 경우 시각적으로 균형감 있고 안정감 있게 받아들일 수 있는 효과를 지닌다.

공통적인 한 가지 요소를 반복 활용함으로써 통일성 있는 비주얼 브랜딩을 하는 경우도 있는데, 앞에서 제시된 VLUU 브랜드에서 'U'의 반복 활용이 이에 해당된다. 그리고 현대자동차의 고급 세단 'Equus' 역시 라틴어로 '말'이라는 의미와 함께 'Excellent, Quality, Unique, Universal, Supreme Automotive'란 의미를 지니고 있는데 'U'를 반복 사용함으로써 시각적 독특성을 보여주고 있다. 빙그레 요플레의 '오色오감'은 5가지 색상, 5가지 맛을 내는 음료 브랜드로서 '오'라는 글자를 공통적으로 사용하여 시각적으로는 통일성을 주고 음성적으로는 운율감을 주고 있다.

SK 네트워크 자회사로 시작하여 독립적인 해외 구매대행 쇼핑몰로 발전한 위즈위드wizwid는 마법사를 뜻하는 Wizard와 물류 서비스를 표현하는 Worldwide를 결합해 만든 브랜드로, 'Wi' 부분을 통일되게 사용해 운율감을 줌으로써 '기분 좋은 쇼핑'이란 느낌을 전달해주고 있다.

마지막 유형으로 일관성 있는 패턴을 통해 브랜드에 통일성을 부여하는 경우도 있다. 삼성네트웍스의 인터넷 전화서비스 브랜드인 Wyz070은 아무 뜻 없이 알파벳 순서대로 나열한 것처럼 보이지만 실제로 발음해보면 'Wise'로 '전화 그 이상의 전화'를 표방하며 똑똑한 인터넷 전화 서비스를 내세우고 있다.

삼성중공업의 디지털 네트워크 사업 브랜드인 'BaHa' 역시 '아' 계열 모음을 반복 사용해 주목성을 높임과 동시에 음악의 아버지 '바하Baha'를 연상시킴으로써 디지털 기술이 지닌 딱딱한 이미지를 부드럽게 보이도록 하는 효과를 얻고 있다.

이와 같은 사례들에서 보여지듯 통일성은 무엇보다 철자의 균형감을 살려줌으로써 소비자가 브랜드를 쉽게 인지할 수 있도록 해준다. 말 그대로 경쟁 브랜드에 비해 쉽게 눈에 띄는 장점을 갖는 것이다. 또한 동일한 어근 혹은 패턴을 반복함으로써 브랜드를 소비자가 보다 오랫동안 기억하게 해주는 효과가 있다.

리듬감의 미학

비주얼 브랜딩은 소비자에게 시각적 즐거움을 선사하는 동시에 명쾌한 발음 혹은 유사음의 반복을 통해 리듬감을 살림으로써 음성적 즐거움을 더해준다.

영국 생명보험그룹인 Aviva의 사명은 생명보험사들이 일반적으로 갖고 있는 보수적 이미지와는 달리 '만세 또는 환성'을 의미한다. 시각적인 측면에서 독특한 형태를 지니고 있을 뿐 아니라 음성적인 측면에서도 모든 사람이 발음하기 좋고 용이하다. 이들은 홈페이지를 통해 현 사명을 선정하는 데 있어 전세계적으로 쉽고 정확하게 발음되는가를 중요한 기준으로 삼았다고 밝히고 있다.

Wrigley의 'Hubba Bubba' 추잉껌은 다소 긴 형태의 브랜드임에도 불구하고, 유사음의 반복을 통해 쉽게 발음할 수 있게 만들어주며 경쾌한 느낌을 준다. 그리고 이를 통해 누구나 기분 좋게 씹는 추잉껌이라는 제품의 특장점을 잘 전달한다.

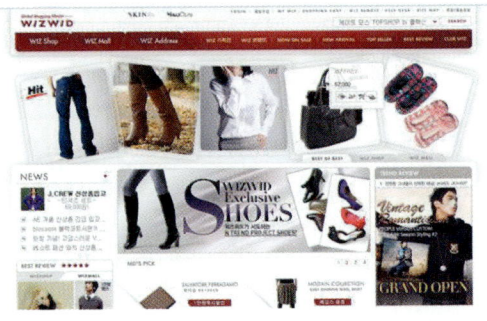

위즈위드 쇼핑몰

　이와 같이 시각적 주목성이 있는 비주얼 브랜딩은 음성적인 측면에서도 매력이 있다. 물론 대부분의 브랜딩에서 발음의 용이성은 중요하게 고려되는 요소이지만, 비주얼 브랜딩을 통해 탄생한 브랜드에는 음성적 경쾌함과 리듬감이 있어 소비자들 사이에서 쉽게 회자될 수 있으며, 브랜드 커뮤니케이션에 있어서도 훌륭한 단초가 된다.

　비주얼 브랜딩은 갈수록 경쟁이 심화되어 가는 시장에서 브랜드가 살아남기 위해 선택한 새로운 대안 중 하나이다. 그것은 브랜드의 형태 자체에 차별성을 부여함으로써 소비자들의 제품에 대한 주목성을 높이고, 동시에 제품 혹은 그 기업이 지향하는 핵심 편익과 독창성을 주지시킨다. 또한 음성적 측면에서도 비주얼 브랜드는 분명 경쟁 우위적인 특성을 지니고 있다.

　제품의 핵심 편익을 시각적이고 상징적인 방식으로 드러내는 것은 그 표현상의 독특함으로 인해 소비자들이 브랜드에 눈을 돌리게 만든다. 하지만 인지적 구두쇠Cognitive Miser 경향 때문에 종종 소비자들이 그러한 독특한 시각적 표현에서 브랜드가 의도하는 의미를 읽어내지 못하는 단점이 있다.

따라서 비주얼 브랜딩을 할 때에는 먼저 제품군과 제품의 특성에 대한 고려가 필요하다. 즉 지나치게 생경한 표현으로 소비자의 이해를 떨어뜨리지는 않을지, 그리고 수용 가능한 소비자 층이 존재하는지를 면밀히 검토해야 한다.

PART 4

Culture
문화 코드로 소비자를 사로잡는다

Trend 18 신화 브랜딩
가장 오래된, 가장 세계적인 코드

Trend 19 펫네임 브랜딩
기업보다 소비자가 더 잘 만든다

Trend 20 축약 브랜딩
줄일수록 커지는 매력

Trend 21 펀 브랜딩
재미로 무장 해제시킨다

Trend 22 서정적 브랜딩
시처럼 음악처럼 감수성을 자극한다

Trend 23 채러티 브랜딩
세상과의 아름다운 교감

Trend 24 크로스오버 브랜딩
익숙한 둘이 만든 낯선 하나

Culture

새로운 사람을 만날 때의 서먹함, 새로운 회사에 들어갔을 때의 막막함, 새로운 나라를 여행할 때의 낯설음. 이 모든 것이 나와 문화 코드가 다르기 때문이다. 문화 코드는 '모든 인간 관계와 비즈니스를 여는 열쇠'라고 할 수 있다. 브랜드는 고객과의 관계 맺기를 해야 하고, 따라서 고객의 문화 코드에 대한 통찰이 필요하다.

PART 4에서는 문화 코드를 적극으로 활용하는 브랜드들을 살펴본다. '신화'는 브랜드의 영원한 소스 중 하나인데, 최근에는 그리스로마 신화에서 북유럽 신화, 수메르 신화, 한중일 신화로 저변이 확장되고 있다. 한편 펫네임 브랜드는 급변하는 사회 트렌드를 흡수하고 또 편승하려는 차원에서 확대되고 있다. 2007년 여름 패션 트렌드를 활용한 '미니스커트 폰', 와인 붐을 활용한 '보르도 TV'는 특정 시기의 문화 코드를 성공적으로 활용한 사례이다.

축약 브랜드 또한 증가하고 있는데, 흥미롭게도 젊은 층을 타깃으로 하는 학습지, 영캐주얼, 휴대폰 분야에서 주로 나타나고 있다. 젊은 층의 언어 습관을 공유함으로써 보다 친근하게 접근하려는 것이다. 시나 음악처럼 고객의 감수성을 자극하는 서정적 브랜드들도 환영받고 있다. 이는 브랜드를 이성적으로 판단하기보다는 감성적으로 받아들이는 사회 전반의 문화를 반영한다.

채러티 브랜드의 증가는 기업이 사회의 일원으로서 지역 사회에 공헌해야 한다고 여기는 사람들이 늘고 있음을 보여준다. 마지막으로 크로스오버 브랜드는 문화 코드를 활용하는 수준을 넘어 그것을 만들거나 주도하는 브랜드로, 음악에서의 크로스오버, IT분야의 컨버전스 현상과도 일맥상통한다.

문화 코드를 활용하려는 브랜드는 많지만 적절한 문화 코드를 발견하는 일은 쉽지 않다. 타깃마다 문화 코드가 다르고, 늘 변화하기 때문이다. 따라서 브랜드가 시대와 사회를 관통하는 문화 코드를 찾아내려면 사람과 세상에 대한 끊임없는 관찰과 통찰을 필요로 한다.

TREND 18 신화 브랜딩

가장 오래된, 가장 세계적인 코드

"개별적 단자로 살아가는 고독한 개인들을 우주와의 연계 안에 다시 자리 잡게 해주는 경이로운 이야기들. 신화의 가장 커다란 기능은 인간에게 경이의 감정을 제공하는 데 있다. 비유적으로 말한다면, 신화 안에서 인간의 인식은 납작한 일상성을 벗어나 이스트를 넣은 빵처럼 보송보송해진다."

- 김정란(시인), 서울신문, 2007.6.4

    신과 인간의 삶이 공존했던 그리스로마 시대, 그들의 삶과 일상은 어떤 이야기들로 채워졌을까? 낮에는 신전의 빛나는 위용이, 밤에는 별자리로 엮어낸 신들의 이야기가 그리스로마인들의 삶을 더욱 풍성하고 매력적으로 만들었을 것이다. 21세기 인류 문화의 원천이자 영원한 상상력의 보고인 신화는 여전히 옷과 신발, 커피 한 잔 같은 우리 삶 구석구석에 녹아들어 있다. 어쩌면 옛날보다 더 가까이, 더 생생하게 말이다.
    흔히 떠올릴 수 있는 나이키, 비너스 등은 모두 그리스로마 신화의 주신이다. 근현대 인류의 역사가 서구화의 역사라지만 국내외를 막론하고 대부분의 신화 브랜드는 그리스로마 신화를 배경으로 하고 있다. 그렇다면 그 무궁한 원천도 언젠가 고갈되지 않겠는가? 그러나 지금부터 살펴볼 흥미진진한 신화 브랜드를 만난다면, 신화의 원천은 고갈되는 것이 아니라 더 발굴되고 있다는 생각이 들 것이다. 그럼 상상력을 자극하는 스토리, 신화 브랜드로 들어가보자.

나이키, 승리의 여신에서 스포츠의 제왕으로

우리에게 가장 친숙한 신화 브랜드는 주요 신들의 이름을 활용한 브랜드이다. 유명한 스포츠 브랜드 나이키Nike는 그리스 신화에 등장하는 승리의 여신 니케의 영어 발음으로, 로마 신화의 빅토리아Victoria에 해당한다. 우리는 나이키라는 스포츠화를 먼저 만나고, 그 스포츠화를 통해 신화에 다가가게 된다. 신화보다 더 강렬한 브랜드, 브랜드를 더 풍부하게 만드는 신화를 만나게 되는 것이다.

나이키의 탄생에는 비하인드 스토리가 있다. 나이키의 공동창업자 필 나이트는 '디멘션6'라는 아이디어를 내놓았다. 하지만 나이키의 첫 직원인 제프 존슨이 니케Nike에 대한 꿈을 꾸고 이를 상호로 제안해 오늘날의 나이키를 만들게 된다.

나이키의 상징인 스우시Swoosh의 탄생 스토리 역시 유명하다. 스우시는 니케의 날개와 승리의 상징 V를 형상화한 것으로, 1971년 당시 필 나이트와 안면이 있던 포틀랜드 주립대학의 그래픽 디자인학과 학생인 캐롤

'NIKE of Samothrace'(BC 190년경 제작, 파리 루브르 박물관 소장)와 나이키 로고

린 데이비슨이 단돈 35달러에 만들어낸 심볼마크이다. 지금의 나이키를 스우시 하나로 평가할 수는 없지만, 스우시 하나만으로도 강렬하게 기억되는 나이키의 브랜드 가치는 120억 달러에 이른다.[01]

그러나 잘 나가는 나이키도 고민이 있었다. 승리의 '여신' 나이키가 소비의 '여신'들에게 외면받아 왔다는 사실이다. 남성 위주의 제품, 남성 모델로 남성적 이미지를 가지고 있던 나이키는 2000년 나이키 가디스Nike Goddess, 현재는 Nike Woman 라인을 런칭하게 된다. 이는 외면받아온 여신들을 잡고자 하는 이유도 있었지만, 스포츠 제품에서도 기능만큼 패션성이 강조되고 있는 세태를 반영한 결과이다.

스포츠와 승리. 스포츠 브랜드에 이보다 더 궁합이 좋은 신이 또 있을까? 브랜드로서 나이키의 가장 큰 미덕은 강력한 연관성Relevance이라는 사실에 이견이 없을 것이다.

또 하나의 여신을 만나보자. 아모레퍼시픽의 헤라Hera는 그리스 신화

---

01 '2007 글로벌 100대 브랜드', 2007. 7. 27, 인터브랜드 조사 발표

에 등장하는 최고의 여신으로 로마 신화의 유노^{Juno}에 해당한다. 사실 헤라에 얽힌 매력적인 이야기는 없다. 화장품 브랜드의 본질적 이슈인 미美로 말하자면, 아테네와 아프로디테, 그리고 헤라가 아름다움을 겨룬 파리스의 심판에서 그녀는 아프로디테에게 패한 씁쓸한 기억이 있다. 하지만 헤라의 매력은 계보상으로나마 그녀가 신들의 여왕, 즉 최고라는 점이다. 요즘은 자신만의 매력이나 개성이 강조되기도 하지만 아름다움은 예나 지금이나 우열을 가리고자 하는 경쟁 심리를 바탕으로 하고 있다.

신화 속 주인공 캐릭터를 소유한 브랜드들

이밖에도 우리는 신화 속 여러 주인공들을 만나고 있다. 오늘 아침 마신 박카스는 술의 신 바쿠스^{Bacchus}, 그리스 신화의 디오니소스^{Dionysos}에서 유래한다. 술로 지친 간의 피로를 풀어준다는 의미를 담고 있다. 또 속옷 브랜드 비너스^{Venus}는 그리스 신화의 아프로디테^{Aphrodite}에 해당하며, 속옷이 여성에게 줄 수 있는 가장 큰 가치인 사랑과 미를 상징한다.

바다의 신 포세이돈^{Poseidon}은 북미의 한 수산물 유통업체가 되어 있고, 손에 닿는 모든 것을 황금으로 바꾼다는 마이다스^{Midas}는 북미의 한 자동차 정비 서비스 업체로 변신해 있다. 아무리 낡고 망가진 차라도 이 곳에만 가면 멀쩡한 새 차로 바뀔 것 같지 않은가?

미국의 한 이주서비스 업체인 아틀라스밴라인스$^{Atlas\ Van\ Lines}$. 아틀라스는 티탄족과 제우스의 전쟁에서 티탄족 편을 들었다가 패한 후, 제우스로

HERA
 Atlas ODYSSEY

신화의 내용과 제품의 연관성이 높을수록 브랜드 이미지는 강렬해진다.

부터 하늘을 받치고 있으라는 벌을 받은 티탄신Titan, 거인족이다. 지금은 세상을 짊어질 만큼 거대한 힘으로 이삿짐을 나르고 있다. 붉은색 패키지와 몽롱한 분위기의 광고로 여심을 사로잡는 남성 화장품 오디세이. 그리스 신화에 등장하는 영웅 오디세우스Odysseus에서 기원한 브랜드로, 전쟁에서는 용맹하고 사랑 앞에서 정열적이었던 그의 체취를 상상하게 한다.

이탈리아 샌드위치 전문점 탄탈루스Tantalus는 제우스의 아들이며, 신들의 음식을 훔쳐 인간에게 가져다준 왕, 탄탈로스Tantalos를 뜻한다. 탄탈로스는 지옥에 떨어져 영원한 굶주림과 갈증이라는 벌을 받았지만, 그 덕택에 인간은 천상의 음식처럼 맛있는 샌드위치를 먹게 됐다는 이야기다. 또, 그리스 신화에 나오는 미남 사냥꾼 오리온도 초코파이에서 영화산업까지 겨울 밤하늘의 왕자답게 빛나는 활약상을 펼치고 있다.

그리스로마 신화의 신들은 매우 강렬한 고유의 캐릭터를 지니고 있다. 그래서 신과 브랜드의 연관성이 크면 클수록 신화 브랜딩의 효과는 배가된다. 승리의 신과 스포츠 브랜드, 미의 여신과 화장품 브랜드, 사랑의 신과 속옷 브랜드는 강한 연관성을 갖고 있다. 그러나 연관성이 약하고 소비자들에게 잘 알려져 있지 않은 신화 속 주인공의 경우는 파급 효과가 약할 수밖에 없다. 오리온보다 나이키가 더 풍부하고 강렬한 인상을 주는 것도 그 때문이다.

신보다 더 강렬한 연상

신화의 주인공은 당연히 신이다. 그러나 주인공만으로는 스토리가 나올 수 없다. 시간과 배경이 있고, 또 다양한 사건과 소품이 필요하기 마련이다. 지금부터는 신화의 배경과 소품을 차용한 브랜드들을 만나보자.

사진기로 유명한 올림푸스Olympus는 제우스와 헤라, 아테나 등 그리스 신화의 12신이 살고 있다는 그리스의 가장 높은 산 이름이다. 데이터베이스 관리업체 오라클Oracle은 신탁神託을 의미하며, 신의 계시 또는 인간의 물음에 대한 신의 응답을 뜻한다. 영화 '매트릭스'에서 여성의 모습으로 등장한 '오라클'을 떠올려보라. 세계적인 소프트웨어 기업인 오라클Oracle Corporation은 이를 '완벽한 솔루션'의 이미지로 재가공했다.

제주도에 자리한 엘리시안 컨트리클럽은 그리스 신화에 나오는 선경仙境, 엘리시온Elysion에서 비롯된 것이다. 이곳은 제우스의 특별한 대우를 받은 영웅이 생을 마감하고 안락한 불사不死의 삶을 보내는 곳이라는 이야기가 전해진다. 그곳은 시원한 미풍이 끊이지 않는 온화한 기후의 낙원으로 알려져 있다. 한편 엘리시안 컨트리클럽은 '바람 걱정이 없어 편하게 라운딩할 수 있는 클럽'으로 자신을 소개한다.

영국의 유명 보험회사 이지스Aegis Group plc의 브랜드네임은 제우스의 방패를 뜻하는데, 고객의 삶을 보호해주는 강하고 믿음직한 보험회사의 이미지를 전달한다. 패션 브랜드 옴파로스Omphalos는 아폴로 신전에 있던 반원형의 돌 이름에서 나왔다. 그리스인들은 이 돌을 세계의 중심이라고 생각했으며, 현재는 중심지, 배꼽이라는 사전적 의미를 갖고 있다. 브랜드 옴파로스는 '나, 세상의 중심'이라는 슬로건으로 브랜드 컨셉을 함축해 보여주고 있다.

숨어 있어서 더 재미있는 신화

지금까지 신화의 등장인물과 소품, 배경의 명칭을 브랜드화한 사례들을 살펴보았다. 브랜드네임으로 차용했을 때 그 의미나 효과는 더욱 직접적이다. 그러나 디자인 등 다른 브랜드 요소에 숨어있는 신화도 있으니, 남모르는 비밀을 발견했을 때처럼 즐거움을 준다.

새로운 커피문화를 만들어낸 스타벅스Starbucks의 심볼마크에 새겨져 있는 여인은 누구일까? 그리스 신화에 나오는 사이렌Sirene이다. 반은 여자이고 반은 새인 사이렌은 아름다운 노랫소리로 뱃사공들을 꾀어 죽이는 신이다. 일상생활에서도 호적, 호적 소리의 뜻으로 활용되며 때로는 여자 가수 또는 매혹적인 미인, 심지어 요부의 의미로 통용된다. 오늘도 자연스럽게 스타벅스 매장에 들어섰다면 노래가 아닌 커피 향기로 유혹하는 21세기 사이렌의 유혹에 넘어간 탓이다.

메두사Medusa는 원래 아름다운 처녀였지만 아테나와 미를 다투려 했던

신화 속 주인공 혹은 소재를 시각적 아이덴티티로 활용한 사례
- 스타벅스의 사이렌, 베르사체의 메두사, 굿이어의 날개달린 머큐리의 발

죄로 특히 아름다웠던 머리카락이 뱀으로 변해버린 괴물이다. 메두사를 본 사람은 누구나 돌로 변한다는 이야기로도 유명하다. 아름다움을 빼앗긴 만큼 사악한 마음은 더 강해져 페르세우스에게 죽임을 당하는데, 이때 잘린 머리는 제우스의 방패에 붙게 된다.

오늘날 우리는 옷과 시계, 가방에서 메두사를 만나게 되는데, 다름 아닌 베르사체Versace를 통해서다. 화려한 색상, 대담한 디자인, 그리고 창조적 아이디어가 짙게 배어나오는 베르사체는 메두사의 강렬한 인상을 자신감과 남다른 개성으로 재해석해낸다.

타이어 기업 굿이어Goodyear는 날개 달린 발 심볼Wingfoot Symbol로 유명하다. 언뜻 생각하면 신발에 날개를 달아 빨리 이동하게 도와주듯이 차의 신발인 타이어로 더 빠르고 편한 이동을 돕는다는 의미로 생각된다. 하지만 여기에도 숨겨진 뜻이 있으니 윙풋 심볼은 로마 신화에 나오는 전령의 신 머큐리Mercury, 그리스 신화의 Hermes의 발이다.

지금은 브랜드가 러브마크Love Mark로 불리는 시대다. 특정 브랜드에 대해서 표면적인 지식을 가지고 있느냐, 아니면 유래와 역사, 스타일까지 꿰뚫을 정도로 깊이 이해하고 있느냐는 브랜드와 고객의 친밀도를 나타낸다. 따라서 기업은 브랜드를 더욱 풍성하게 만들려고 애쓰고, 고객은 남들은 모르는 브랜드 지식을 얻고 싶어한다. 지금까지 살펴본 세 가지 사례는 이러한 고객의 깊은 욕구를 만족시키고, 밀착력을 높이는 역할을 한다고 볼 수 있다.

신화의 소스는 고갈되었는가?

전세계적으로 근대화는 서구화의 과정이라 해도 과언이 아니다. 우리는 한국 또는 동양의 신화보다 그리스로마 신화에 더 익숙하며 '태종태세문단세'보다 올림포스 12신에 대해 더 많은 지식을 가지고 있다.

문화는 섞이면서 더 다양하고 풍부해지는 법이다. 영화 '반지의 제왕', 만화이자 온라인 게임인 '라그나로크'를 통해 우리는 북유럽의 신화를 접한다. 또한 9·11 사태는 큰 아픔을 주었지만 이슬람 문화에 대한 관심을 이끌어냈다. '다모', '주몽', '대장금'과 같은 사극이나 퓨전 사극은 우리 안의 역사와 신화 역시 새롭게 발견될 수 있다는 가능성을 보여준다. 이처럼 그리스로마 신화 외의 다른 신화들이 새롭게 등장함에 따라 신화의 소스는 고갈되는 것이 아니라 더욱더 풍부해지고 있다.

한화건설의 아파트 브랜드 오벨리스크는 기원전 2천 년경에 페니키아인이 축조한 첨탑으로, 그 자체가 태양신을 뜻하기도 하며 이집트 신화의 태양신과 관련된 이야기들을 지니고 있다. 화장품 브랜드 라하는 '피부환생'을 컨셉으로 하는데, 수메르 신화에 등장하는 샘솟는 젊음과 미의

 LAHA

신화의 소스는 그리스로마 신화를 벗어나 더욱더 풍부하고 다양해지고 있다.
- 라그나로크, 라하, 오벨리스크

여신 '라하르'에서 비롯되었다. 미의 여신이라는 의미와 함께, 수메르 신화가 그리스로마 신화에 앞선다는 사실에서 태초의 아름다움이라는 의미를 전달한다.

1945년 설립된 해태제과의 '해태'는 중국 설화에 등장하는 '해치獬豸'의 다른 말이다. 해태는 상상의 동물로, 잘잘못을 가리거나 좋고 나쁨을 판단할 줄 안다고 한다. 이에 고대 중국에서는 법관의 의복에 해태의 모습을 그려 넣고, 법관이 쓰는 관을 '해치관'이라고 불렀다. 한편 조선시대 말 흥선대원군이 경복궁을 재건할 때 화재로 공사가 지연되자 남쪽의 관악산이 휴화산인 이유로 그 불기가 빌미가 된다는 지관의 주장에 따라 광화문 좌우에 해태상을 설치해 화재를 막고 길운을 빌었다는 일화도 전해진다.

해태상은 국회의사당 앞에서도 만날 수 있다. 1975년 준공 당시 혹시라도 발생할지 모를 화재에 대비해 해태상을 만들어야 한다고 소설가 박종화씨가 건의하고, 이 소식을 들은 해태제과의 지원으로 조각가 이석순씨가 제작했다고 한다. 해태제과는 해태와 자신의 이미지를 동일시하여, 올바른 기업, 길吉한 기업의 이미지를 전달하고자 했다.

역사가이자 신화학자인 토머스 불핀치Thomas Bulfinch는 신화가 인간 생존의 가장 중요한 문제들, 즉 전쟁과 평화, 삶과 죽음, 선과 악 등에 필요한 지식의 끊임없는 원천이 된다고 말했다. 신화는 영원히 지속될 삶의 지혜와 비밀이 고스란히 담긴 인류 공동의 재산이자 최대의 테마인 것이다.

브랜드에 있어서도 그렇다. 그리스로마 신화에서 북유럽 신화, 수메르 신화까지, 현재 주목받지 못하는 문화권이라 하더라도 브랜드가 이들의 신화에 집착하는 이유가 있다.

첫째는 '생명력'이다. 고객은 공장에서 찍어낸 제품은 받아들일 수 있지만 배경도 연고도 없이 탄생한 브랜드는 받아들이지 않는다. 창업자의 자수성가 이야기이든, 권위 있는 상을 수상했다는 기사이든, 유명인 누군가가 그것을 애지중지한다는 가십이든, 브랜드에 '뿌리'가 있길 바란다는 말이다.

그 뿌리가 '신화'라면 빨아들일 수 있는 영양분의 양과 질이 달라진다. 신화에 담긴 흥미로운 인물들과 그에 얽힌 이야기, 이들을 감싸 안은 거대한 역사와 문화가 양질의 영양분이 되어 브랜드는 강한 생명력을 갖게 되는 것이다. 어느 천재 디자이너가 만든 옷도 충분히 매력적이다. 하지만 자신의 미를 마음껏 뽐내지 못해 악이 되어버린 신화 속 주인공이 함께 한다면, 그 원한만큼이나 강렬하고 대담한 스타일을 상상하게 될 것이다.

신화에 집착하게 되는 두 번째 이유는 '여백'이다. 신화는 신들의 이야기, 잘 짜인 허구일 수 있다. 또 한편으로 '트로이의 목마'처럼 역사와 맞물리면서 실재했던 과거의 이야기이기도 하다. 허구이든 실존했던 과거이든 모두 상상력으로 채우거나 재구성할 수 있는 여백이 있다. 아니, 여백이 대부분이다.

비너스가 얼마나 아름다운지 모르기에 우리는 각자 상상할 수 있는 아름다움의 끝에 비너스를 놓는다. 고대 북유럽 신화에 등장하는 라그나로크(신들의 황혼, 신들의 몰락)가 어떠했는지 알 수 없기에, 직접 라그나로크의 주인공이 되어 조각난 시공간을 재구성한다. 이 같은 신화의 본질적 특성으로 신화 브랜드는 고객의 상상력을 자극하는 강한 유인력을 갖는다.

이와 같은 신화의 생명력과 여백이야말로 '사이렌의 노랫소리'처럼 사람들을 유혹하고 그들의 마음을 한번에 휘어잡을 수 있는 영원한 매력의 원천이다.

TREND 19 펫네임 브랜딩

기업보다
고객이 더 잘 만든다

애니콜 SPH-V6900. 삼성전자는 블루투스폰이라는 브랜드를 붙였지만, 고객은 '문근영폰'이라는 애칭으로 불렀다. 흥미로운 연구가 있다. 휴대폰 펫네임을 '고객이 지었는가', 아니면 '기업이 만들었는가'가 제품 선호에 영향을 미칠까? 대답은 '그렇다'이다. 연구 결과에 따르면 고객이 참여해서 애칭을 명명한 제품이 그렇지 않은 제품에 비해 태도 및 구입 의향에서 더 긍정적으로 평가되었다.[02]

거칠게 말하면, 삼성전자가 '문근영폰'으로 불러 광고를 했다 하더라도 고객 사이에서 자연스럽게 '문근영폰'이라는 애칭이 생기고 입소문을 타는 것만 못하다는 뜻이다. 여기서 두 가지 고민이 생긴다. 브랜드가 궁극적으로 고객의 것이라 하더라도 만드는 것은 기업이 아니었던가? 또 펫네임처럼 고객이 브랜드를 만든다면, 기업은 브랜드의 탄생과 성장과정에 어떻게 개입해야 하나?

블루투스폰인가, 문근영폰인가?

02 '고객의 애칭명명 행동이 제품선호에 미치는 영향 – '옆구리폰', 애칭인가 브랜드인가?', 이유재, 유재미, '소비자학연구' 제18권 제1호, 2007년 3월

친근하게 부르는 이름, 펫네임

애칭 마케팅이라는 용어가 생길 정도로 휴대폰, TV 등의 전자제품에서 최근에는 화장품까지 그야말로 펫네임 전성시대. 지금은 펫네임의 본뜻이 무색할 정도로 기업이 나서서 '친근함'을 강요하는 형국이지만, 펫네임의 기본으로 돌아갈 필요가 있다.

미국 대학가에 가면 'YO'라는 이름의 승용차나 'TOY'라는 픽업트럭을 심심찮게 볼 수 있다. 하지만 어느 회사도 이런 모델을 생산하지는 않는다. 바로 'TOYOTA'의 마크가 떨어져 나갔거나 아니면 일부러 튜닝한 것이다. 왜? 마크가 떨어져 나가서 만든 궁여지책이라기보다는 도요타에 대한 애정과 자부심이라 할 수 있다.

흔히 부르는 코크Coke는 코카콜라를, '버드Bud'는 버드와이저를, '시비Chevy'는 시보레를 뜻한다. 단순히 길기 때문에 줄였다기보다는 애정과 친근감이 느껴진다. '엘리자베스'와 친해지면 '베스'가 되는 것처럼 말이다.

브랜드에서 펫네임은 무엇인가?

'펫네임'은 브랜드에서 특별한 의미를 갖는 용어는 아니다. 우리가 평소에 말하는 펫네임의 뜻, 딱 그만큼을 의미한다. 따라서 그 역할과 의미를 규정하는 것은 큰 의미가 없다. 하지만 '펫네임은 반드시 이래야 한다'라는 뜻에서가 아니라 '요즘 펫네임을 보면 이러한 경향이다'를 분석해보는 차원에서 그 역할과 특성을 살펴보자.

계층 구조로 보면 펫네임은 보통 서브 브랜드Sub-brand이다. 메인 브랜드Main Brand가 담지 못하는 해당 제품만의 속성, 편익, 등급, 특성 등 구체적 차별점을 전달하는 역할을 한다. Anycall 하나로는 수많은 핸드폰의 각 특성을 전달할 수 없기 때문에 가로본능, 스킨, 블루투스 와 같은 펫네임, 즉 서브 브랜드를 활용하는 것이다.

삼성전자의 노트북 Sens Q30 Plus는 제품의 색깔에 따라 펫네임을 붙였다. 보통은 Blue, Red, Silver라고 부르지만 이를 '블루오션', '레드카펫', '실버로드'라고 이름 지은 것이다. 이름 하나 바꿨을 뿐이지만 느낌은 천지차이다. 색깔을 고르는 시간마저 특별하고 즐거운 경험이 되지 않을까!

커뮤니케이션 상황에서는 펫네임이 메인 브랜드 이상의 역할을 하기도 한다. '하우젠이 좋아요, 트롬이 나아요?'보다는 '은나노가 좋아요, 스팀이 좋아요?'라고 묻는 고객이 더 많은 것이다. 물론 메인 브랜드가 이미 명확히 인지된 상황에서 가능한 이야기다.

요즘 등장하는 펫네임들의 특성을 살펴보자.

특성 1. 핵심 한 가지만 이야기한다

펫네임은 사람의 별명과 같다. 얼굴이나 신체 부위에 두드러지는 특징이 있으면 십중팔구 별명이 있다. 쉽게 눈으로 확인할 수 있기 때문에 적합하기만 하다면 임팩트하게 각인될 수 있는 방식이다. 초콜릿Cyon, 스킨

Anycall, 보르도Pavv, 동글이LG청소기, 부비부비Ever처럼 말이다.

두 번째로는 핵심기능이나 작동원리를 표현한 경우다. 가로본능, 블루투스, 김장독, ROKR모토로라 MP3폰가 그렇다. 또 드물지만 편익 가치를 전달하는 펫네임도 있다. 최고의 스펙, 최초의 기능들이 감성적 미학과 인간친화적으로 설계된 스카이 스마트폰 '베가Vega', 냉기가 빠져나가는 것을 막아 전력소비를 줄여주는 삼성전자 냉장고 '문단속' 등이 그것이다.

무엇을 컨셉화하든 '단 한 가지'만을 말하는 것이 중요하다. 초콜릿같이 생겼으면서 스킨처럼 얇은 것은 안된다. 하나를 포기하든가 아니면 두 가지 특성을 일체화한 다른 무엇이 필요하다.

또한 '1차원적'이어야 한다. 제품의 숨은 특징이나 2차, 3차의 편익, 곰곰이 생각하거나 설명을 들었을 때 알 수 있는 특징은 펫네임의 컨셉이 될 수 없다. '실감할 수 있는 특징, 직감할 수 있는 편익'만이 컨셉이 된다.

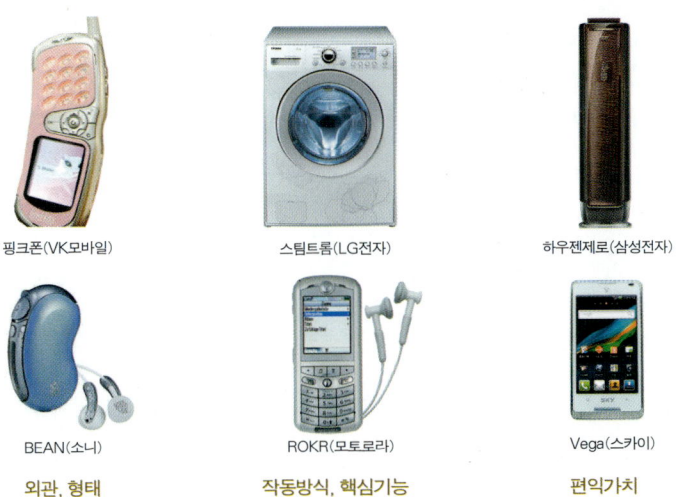

핑크폰(VK모바일)   스팀트롬(LG전자)   하우젠제로(삼성전자)

BEAN(소니)   ROKR(모토로라)   Vega(스카이)

외관, 형태   작동방식, 핵심기능   편익가치

펫네임의 가장 큰 특징은 원 컨셉의 명확함이다.

특성 2. 쉽다

Kodak, Pavv, Cyon, Xi는 펫네임이 될 수 없다. 너무 어렵거나 모호하기 때문이다. 일반 브랜드는 고유성이 중요하기 때문에 종종 의미를 연상할 수 없는 표현을 쓰기도 한다. 그런 브랜드는 이미지의 간섭 없이 기업이 의도한 이미지만을 구축할 수 있다. 그러나 펫네임은 다르다. 무엇을 얘기해도 쉬워야 한다. 미니미니, 개구리 카세트, 스팀트롬처럼 쉬워야 한다. 독특성을 가미하더라도 RAZR나 인테나 수준이지, 그 이상으로 어렵게 다가오는 이름은 매우 드물다.

펫네임에는 상징표현이 많은 편이다. 슬림슬라이드처럼 직설적으로 설명하는 것도 좋지만, 초콜릿처럼 비유와 상징을 통해 구체적 연상을 불러일으키는 게 보다 '쉬운' 설명이기 때문이다. 상징표현은 감각과 감성을 자극하고 풍부화하는 장점도 있다.

특성 3. 배타적인 권리 확보가 제1요건은 아니다

펫네임 중에는 상표권을 획득하지 않은, 획득할 수 없는 이름이 많다. 쉽게 이야기하려면 흔히 쓰는 말을 사용하게 되기 때문이다. VK Mobile 의 핑크폰은 성질 표현(분홍색 핸드폰)으로 상표등록을 받을 수 없고, 애니콜의 블루투스 역시 제품에 활용된 기술을 지칭하는 표현으로 삼성전자만 가질 수 있는 이름이 아니다. 싸이언 블루투스, 에버 블루투스, 스카이 블루투스 모두 가능하다. 또 모토로라의 Z는 알파벳 하나로 구성되었기 때문에 상표등록 요건에 미달한다. 상표등록이 가능하려면 영어의 경우 알파벳 3개 이상이어야 한다. 따라서 '모토로라'와 결합하거나 Z를 도형화해 상표권을 획득하게 된다.

위의 예시처럼 펫네임의 특성상 상표등록을 받을 수 없는 경우도 많지만, 기업 입장에서도 굳이 받으려 하지 않는 경우도 있다. 무엇보다 펫네임의 활용주기가 그리 길지 않고(일반 브랜드에 비해 단발적이다), 광고 등을 통해 단기간에 많은 사람들에게 알려져 사실상의 독점권을 가질 수 있기 때문이다. 물론 자신의 펫네임이 다른 제품의 상표권을 침해하지 않는지도 사전에 살펴봐야 한다.

특성 4. 기업이 아니라 고객이 만든다

펫네임은 기업이 아니라 고객이 만든다는 사실은 펫네임과 일반 브랜드를 구별하는 가장 중요한 특성이자 펫네임이 생겨난 이유를 말해준다. 이 글에서 예로 든 브랜드들 중에는 굳이 펫네임이라고 할 수 없는 것들도 있다. 좁게 보면 문근영폰, 이효리폰, 애슬이, 버슬이와 같이 고객이 자연스레 부르게 된 이름만을 펫네임이라 해야 할 것이다. 초콜릿, 보르도 같은 이름들은 고객의 입에 착 달라붙는 '펫네임이고자 하는' 서브 브랜드일 뿐이다.

업체/브랜드	모델명	애칭	애칭 명명자	비고
삼성 애니콜	SCH-E170	애슬이(애니콜 슬라이드)	고객	
	SCH-E200	빨간눈, 박정아폰	고객	
	SCH-S310	에릭폰	고객	
	SCH-V300	준1(준폰)	고객	
	SCH-V310/330/410	준3/준2/준4	고객	
	SCH-V420	작업폰, 효리폰	고객	
	SCH-V540	스르륵폰, 효리폰	고객	
	SCH-V740	권상우 슬림폰	고객	
	SPH-E3200	벤츠폰	?	명명자 구분 어려움
	SPH-M4300	사사미폰/에릭폰/MK폰	고객	
	SPH-V720(6900)	문근영폰(블루투스폰)	?	명명자 구분 어려움
엘지 싸이언	LG-SB120	박주영폰	기업	
	LG-SV130	캐미언폰(캠코더+싸이언)	고객	
	LG-SD350	계란후라이폰, 김태희폰	고객	
	LG-SD340/870	어머나폰1,2	기업	
	LG-LP5200	똑똑한 김태희폰	?	명명자 구분 어려움
	LG-SD410	원빈 스포츠카폰	?	명명자 구분 어려움
스카이	IM-5100	스슬이(스카이+슬라이드)	고객(스사모)	브랜드 커뮤니티인 스사모 주도 애칭 명명
	IM-6100	스뮤(스카이+뮤직폰)	고객(스사모)	
	IM-6200	스블(스카이+블루투스)	고객(스사모)	
	IM-6400	스준, 스캠(준이 되는 스카이)	고객	
	IM-6500	스윙폰	고객(스사모)	
	IM-7700	옆구리폰	고객	
	IM-U100	맷돌(춤)폰	고객	
팬택&큐리텔	PG-K6500	한기주폰	고객	드라마 PPL 통한 명명
	PG-S5500	보아폰, 발리폰, 하지원폰	고객	
	PH-K2500V	(보아)말하는폰	고객	
	PH-K6000V	큐캠폰(큐리텔+캠코더)	고객	
	PH-S7000V	네모	고객	
	PT-S110	티슬이	고객	t슬라이드, 티슬이 같이 불림
	PT-S2	윤도현 열지마폰	고객	
KTF-EVER	KTF-X5000	버슬이(에버+슬라이드)	고객	
	KTF-X6000	혜교(리얼티카)폰	고객	
	KTF-X8000	혜교폰	고객	

휴대폰 단말기의 애칭명명 현황
* 고객의 애칭명명 행동이 제품선호에 미치는 영향 – 이유재, 유재미. '소비자학연구' 제18권 제1호, 2007년 3월

왜 펫네임의 전성시대가 왔나?

'초콜릿'과 '보르도'가 펫네임 시대의 개막작이라는 데는 이견이 없을 것이다. 특히 바나나폰, 스킨, 미니스커트, UFO, 샤인, 벤츠, 컬러재킷, 와

인 등 특히 휴대폰에 펫네임이 많다는 사실에 중요한 시사점이 있다.

국내 휴대폰 시장은 매우 트렌디하고 비교적 관여도가 높은 고객들로 구성되어 있어 제품수명 주기가 짧은 편이다. 또 이에 맞춰 기업에서도 다양한 특색을 지닌 많은 제품을 선보이게 된다. 한 해 국내 시장에 출시되는 휴대폰은 150여 종에 이른다. 이 많은 제품을 애니콜, 싸이언과 같은 하나의 브랜드로 커뮤니케이션하자니 고객의 눈길을 끌 수 없고, 또 숫자와 영문으로 조합된 모델명으로 구분하는 것은 고객 입장에서 너무 어려운 일이다. 이에 대한 대안으로 등장한 것이 바로 펫네임이다.

거시적인 측면에서 그 등장 배경을 찾자면, 능동적 소비자$^{Active\ Consumer}$를 넘어 생산하는 소비자, 즉 프로슈머^{Prosumer}가 늘고 있다는 점을 들 수 있다. 특히 고객이 능동적으로 애칭을 만들어내고 소통시키는 현상은 고객이 생산과정에 참여하는 단계를 넘어서 소비과정에 적극 개입해 소비의 경험 자체를 주체화하고 있음을 보여준다.

펫네임의 커뮤니케이션 특징

펫네임의 목적은 어려운 기술 설명이나 복잡한 모델명을 한 마디로 표현하는 것이다. 그래서 시청 중에도 방송을 되돌려볼 수 있는 강점을 가진 TV를 한 마디로 '타임머신 TV'라 부른다. 펫네임에는 바나나, 보르도 와인과 같은 구체물을 활용한 패턴이 많다. 그렇지 않을 바엔 샤인, 스킨처럼 노골적으로 말한다. 그래서 같은 서브 브랜드라도 엑스캔버스의 '브로드웨이'는 펫네임이라 부르지만, 'TF'는 주저하게 되는 것이다. (LG전자에서는 펫네임이라고 부른다.)

이러한 패턴 때문에 펫네임 자체가 큰 화제가 되는 경우가 많다. 더욱이 이름만 그런 것이 아니라 커뮤니케이션에서 펫네임이라는 '화두'가 스토리로 이어지게 될 때 그 효과는 더욱 커진다. 파브의 보르도를 보자. 최고의 와인을 생산하는 프랑스 지방과 TV가 뭐 그리 큰 관련이 있겠냐마는 이들의 커뮤니케이션을 보면, 정말 은근히 '취한다'. 광고와 홈페이지를 통해서 구사하는 언어를 살펴보라. 그들은 '붉은색'이라고 하지 않고 '레드와인 컬러'라고 말한다. 또 '빠져든다'라는 말과 함께 '취한다', '중독된다'라고 말한다.

이렇게 펫네임 자체가 참신한 스토리를 만들어갈 때 고객은 입을 열기 시작한다. 또, 문근영폰처럼 고객이 직접 명명한 애칭일 경우 그 입소문은 말할 것도 없다. 펫네임 고유의 화제성과 '기업이 아니라 고객이 만든다'라는 특성이 결합해 엄청난 바이럴 마케팅 효과가 발생하는 것이다.

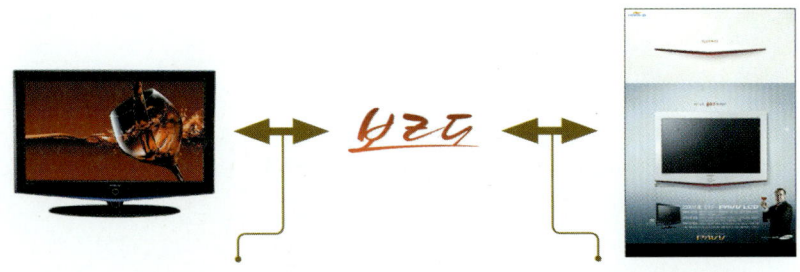

"정말 와인 같네" **적합성**
'와인'이 아니라 '보르도'라는 **참신함**

"와인 컬러, 취한다, 최고의" **스토리**
"와인 펀드, 와인 캐슬, 신의 물방울" **트렌드**

보르도는 명칭 자체도 참신했지만, 광고 카피나 프로모션을 통해
와인 또는 와인과 관련된 언어와 이미지를 충분히 활용했다.

그러나 기업이 이 모든 과정을 통제할 수 없다는 단점도 있다. 우스갯소리로 같은 모델이지만 성능이 들쭉날쭉일 때 사람들은 '뽑기폰'이라고 비꼰다. 뽑기처럼 운에 따라 나쁜 제품도 걸릴 수 있다는 것이다. 이런 명칭이 특정 회사의 특정 모델을 가리키는 '애칭'이 된다고 생각해보자. 상상만 해도 끔찍하지 않는가!

지금까지 펫네임의 네 가지 특성과 전성시대가 찾아온 배경을 살펴보았다. 가벼운 분석이지만 기업이 만든 애칭이든, 고객이 튜닝한 애칭이든, 펫네임의 진가를 제대로 발휘하려면 어떻게 관리해야 하는지에 대한 힌트가 되길 바란다.

TREND 20 축약 브랜딩

줄일수록 커지는 매력

철수와 영희의 대화를 엿듣다.

철수 : 드뎌 셤 끝! 글구 이제 고딩생활도 쫑이야!
영희 : 당근이지. 이제 야자도 없고 넘 좋다. 대딩 되면 남친도 많이 사귀고 동호회 정모도 자주 나가야지~

Tom과 Jane의 채팅을 엿보다.

Tom : my mfeo! How r u? I bought the tickets 4 U!
Jane : thx! cu tmrw. hagn!

철수와 영희, 그리고 톰과 제인의 대화 중 축약된 언어는 몇 개일까? 아니, 그 전에 대화내용은 제대로 이해했는가? 우리는 매일 수많은 말들을 축약해 사용하고 있다. 젊은이들의 인터넷 언어로 치부해버리기도 하지만, 회의나 보고를 할 때 사용하는 단어들을 떠올려보라. 신입사원 시절 축약된 용어들 때문에 느꼈던 소외감과 어려움, 그리고 협력 회사의 보고 자리에서 보고 내용조차 파악하기 힘들었던 경험을 다들 한 번쯤은 갖고 있을 것이다.

브랜드에서도 축약은 트렌드를 넘어 하나의 유형으로 자리 잡고 있다. 왜 축약을 하며, 축약을 통해 얻고자 하는 효과는 무엇일까? 지금부터 사례와 분석을 통해 축약 브랜드의 세계로 들어가보자. 일상 대화에서 사용하는 축약된 언어들과 연관지어 생각해보면 더욱 흥미로울 것이다.

축약 효과 1. 없으면 채우고 싶다!

모토로라의 RAZR를 처음 봤을 때 여러분은 어떤 느낌을 받았는가? 필자는 당혹감과 감탄을 동시에 느꼈다. 여기에는 하나의 퍼즐이 있었다. RAZR라는 브랜드가 나에게 장난을 걸었던 것이다. 그리고 수수께끼를 풀었을 때, '캬~'라는 감탄사가 절로 나왔다.

알다시피 RAZR는 모토로라의 초슬림 핸드폰 브랜드로, Razor에서 모음 'O'를 삭제한 형태이다. 이후 모토로라는 ROKR^{Rocker}, SLVR^{Sliver}, PEBL^{Pebble} 등 모음 또는 자음이 하나 이상 생략된 4개의 알파벳 시리즈를 내놓는다. 생략과 축약이라는 형식을 '모토로라다움'으로 소유하게 된 것이다.

모토로라는 왜 뭔가가 빠진 '2% 부족한 브랜드'를 만들었을까? Rocker 보다는 ROKR여야 가질 수 있는 개성과 시각적 주목력을 획득하고, 언어

> 뭔가 채워 넣고 싶은 생각이 들게 하는 것이 축약 브랜드다.
> - J&B 광고, 모토로라 RAZR

 습관을 공유함으로써 타깃에게 접근하고자 하는 의도였다. 그러나 가장 큰 매력은 고객 스스로 무언가를 '하게' 만든다는 점이다. 한 조각만 끼우면 완성될 퍼즐을 그냥 지나칠 수 있는 사람이 몇이나 있을까!

 학문적으로는 게슈탈트 심리학$^{Gestalt\ psychology}$으로 이런 현상을 설명할 수 있다. 게슈탈트란 '통합되어 있는 구조'라는 뜻이다. 이 이론의 기초 원리를 세운 F. Perls는 게슈탈트를 '부분들이 지각적 전체로 통합되는 독특한 양식'으로 정의했다. 흩어져 있는 개체를 '완결', '근접성', '유사성'의 원리에 따라 하나의 의미 있는 전체나 형태, 즉 게슈탈트로 만들어서 받아들이려는 심리가 존재한다는 설명이다. 가령 O, E, N이라는 세 개의 개체가 있다. 사람들은 의미 없이 나열된 알파벳 세 개가 아니라 'ONE' 또는 'NEO'와 같은 의미 있는 형태를 구성하려는 욕구가 있다는 것이다.

 위 그림에서 J&B 인쇄광고는 J&B를 넣어 'Jingle Bells, Jingle Bells'이란 문장을 완성하고 싶게 만들고, 모토토라 RAZR는 'O'를 채워 넣어 RAZOR로 읽고 싶게 만든다. 이러한 시도들은 사람들로 하여금 빠진 부분을 채워넣고 싶게 만드는 게슈탈트 원리를 이용한 것이다.

축약 효과 2. 죽일수록 확장된다

중고등 교재 중에 '비상'이라는 브랜드가 있다. 성적을 올려준다는 말이겠거니 싶지만 사실은 '비유와 상징'을 줄인 말이다. 토익교재 시장에 화제가 되었던 '토마토'는 신선하고 새로운 교재, 또는 고득점의 열매를 맺게 하는 교재라는 뜻으로 받아들여 진다. 하지만 본래 담고 있는 의미는 '토익점수 마구마구 올려주는 토익'이다.

축약된 형태의 교재 브랜드는 표면적인 뜻과 내면적인 뜻을 동시에 갖는다. 축약될수록 의미가 더욱 풍부해지는 것이다. '토마토', '개구리', '수류탄'은 교재에 어울리지 않는 의외성으로 주목을 끈 다음, 내포한 의미를 전달함으로써 브랜드를 한 번 더 각인시킨다. 반면 비상, 유격수는 축약됐을 때에도 제품과의 연관성이 높다. 그리고 두 경우 모두 축약을 통해 브랜드의 확장성이 높아진다. '비유와 상징'은 '국어 교재'라는 카테고리에 적합하지만 '비상'은 수학이나 영어 등 어떤 과목에도 적용될 수 있는 확장성을 가진다.

완자	완전한 자율학습을 위한 완벽한 자율학습서
수류탄	수학의 유형을 탄탄하게
유격수	유형을 격파하는 수학
개구리	개념 탐구 이해
감탄사	감이 탄탄한 사회탐구

축약을 통해 두 가지 의미를 갖게 된 브랜드들

축약 효과 3. 멤버십을 형성한다

한때 신세대와 구세대를 쉽게 구분하는 방법으로 아이돌 그룹인 'HOT$^{\text{High-five of Teenagers}}$'를 읽는 방법이 널리 회자된 적이 있었다. '핫'으로 읽으면 구세대, '에이치오티'로 읽으면 신세대로 여겨졌다.

셤, 샘, 겜, 열공, 강추 등 인터넷 언어와 십대들의 언어에 특히 축약이 많다는 것은 우연이 아니다. 언어를 변형해 사용하고, 또 변형된 언어를 이해할 수 있다는 것은 그 언어를 사용하는 그룹의 일원이 된다는 뜻이다. 인터넷 채팅에서 '안녕하세요?'와 '안냐세여?'는 차이가 크다. 어느 인사말을 사용하느냐에 따라 나의 아이덴티티가 상당 부분 드러나기 때문이다.

1318 및 20대 초반을 타깃으로 한 분야, 즉 휴대폰이나 중고등 교재 브랜드에 축약이 많은 것도 같은 맥락이다. 그들에게 다가가려면 그들의 언어를 사용하는 것만큼 좋은 방법은 없다. 이런 관점에서 또 다른 카테고리인 패션 브랜드를 살펴보자.

2005년 세계에서 가장 오래된 스포츠 브랜드 'Reebok'은 Rbk로 모습을 바꿨다. 여전히 'Reebok'이 쓰여 있는 운동화와 스포츠웨어를 볼 수 있지만 클래식 라인에 국한되어 있고, 장기적으로는 모든 제품에 Rbk가 적용될 예정이라고 한다. 런칭 당시 한국리복 사장 마이클 콘란은 "젊은 층을 공략할 수 있는 새로운 시도를 지속적으로 펼쳐나갈 것"[03]이라고 밝혔다. 결국 발음은 같지만 'Reebok'보다 모음 'ee'와 'o'가 생략된 'Rbk'가 '젊다'는 얘기이다.

---

03 김지미 기자, 매일경제, 2005. 4. 4

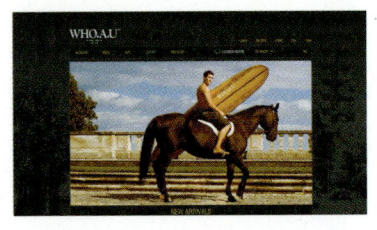

패션 브랜드들이 축약 방식을 선택한 것은 타깃인 젊은층의 언어습관과 관련 있다.

INVU, WHO A U.는 어떤가? 'I envy you', 'Who are you'를 소리나는 대로 축약한 브랜드로, 펼치면 하나의 완결된 문장이 된다는 데에 또 다른 재미가 있다. 미국 의류 유통업체 캐주얼 메일Casual Male 사는 과거 'Big & Tall'이라는 매장 명칭을 'XL'로 바꾸었다. 둘 다 누가 타깃인지를 나타내고 있지만(XL은 옷의 사이즈 단위인 Xtra Large를 뜻한다) 'XL'로 바꾼 것은 보다 '쿨'하게 다가가겠다는 의도라 할 수 있다.

지금까지 핸드폰, 중고등 교재, 패션이라는 세 개의 카테고리를 중심으로 축약 브랜딩 사례와 효과를 살펴보았다. 일상 언어의 축약은 커뮤니케이션의 경제성, 특정 그룹에 대한 소속감(인터넷 세대, 1318 세대 등)을 살리기 위한 것이 많다. 브랜드에서의 축약은 소비자들의 주목을 끌고, 브랜드의 의미를 풍부화하거나 확장성을 높이기 위한 것으로, 타깃에게 쉽게 접근하기 위한 일종의 문화적 코드라 할 수 있다.

TREND 21 | 펀 브랜딩

재미로 무장 해제시킨다

미래학자 롤프옌센은 정보화 사회 이후는 "감성으로 선택하고 이성으로 합리화하는 소비"가 될 것이라고 말했다.[04] 그의 예언이 맞은 것일까? 디자인 경영, 감성 마케팅, 가치 소비 등 몇 년 간 브랜딩 업계를 사로잡은 키워드를 생각해보면 부정의 여지가 없다.

그 중에서도 'Fun'이라는 키워드가 주목받고 있다. 펀 경영, 펀 리더십에서 펀 프로덕트, 펀 마케팅, 퍼놀로지 Fun + Technology 그리고 EnQ 엔터테인먼트 지수에 이르기까지 그 용어 또한 다양하다. '과수원을 통째로 얼려버린 엄마의 실수'라는 아이스크림 브랜드에서 'Funkia'라는 자동차 회사 웹사이트까지, 그리고 저관여 제품이냐 고관여 제품이냐를 막론하고 수많은 브랜드들이 '즐거움'을 추구하고 있다. 이쯤 되니 팔겠다는 것인지, 웃기겠다는 것인지도 헷갈린다. '웃기면 팔린다'는 암묵적인 공식이 통용되고 있는 걸까? 그리고 정말 웃기면 팔리는 걸까?

---

04 『드림소사이어티』, 롤프 옌센 저, 리드리드 출판, 2005

여우 같은 '곰'이 여기 있다 – GOM Player, GOM TV

　　인터넷을 활용하는 여러 용도 중에 영화나 드라마, 각종 동영상을 보는 것은 아주 흔한 일이다. 요새는 UCC$^{User\ Created\ Contents}$가 새로운 동영상 컨텐츠로 등장하여 많은 유저들이 활용하고 있는 상황이다. 이런 인터넷 기반에서 동영상 플레이어는 유저들에게 꼭 필요한 필수 프로그램인데 여기 아주 재미있는 브랜드가 있다. 바로 곰^{GOM} 플레이어다.

　　'Grugru Online Movie'의 이니셜인 'GOM'은 99년에 설립된 그래텍의 인터넷 파일 공유서비스로 화제를 모았던 '구루구루'에서 유래 되었다. 또한 우리가 흔히 알고 있는 동물인 '곰'의 이미지를 비주얼 상에서 연계하여 '곰 발바닥'의 코믹한 요소를 통해 유저들이 친숙하게 다가갈 수 있도록 하였다. 곰 플레이어는 전세계의 각종 동영상 파일들을 쉽게 재생할 수 있도록 하는 소프트웨어로 출시되자마자 많은 인터넷 유저들의 입소문을 타고 빠르게 확산되었고, 4년이 지난 지금 1억이라는 경이적인 다운로드 횟수를 기록하고 있다. 다국적 기업인 마이크로소프트^{MS} 사의 윈도우 미디어 플레이어$^{Window\ Media\ Player}$를 제치고 멀티미디어 소프트웨어 부문에서 당당히 1위를 차지하기도 했다. 또한 무료 소프트웨어라는 점과 편리한 자막, 통합코덱 지원, 손상된 동영상 재생 등 사용자가 바라는 편의성을 충분히 제공하여 왜 1등 브랜드가 될 수밖에 없는지를 여실히 보여주고 있다.

　　그래텍은 1년 후 곰 플레이어에 이어 오디오파일 재생 프로그램인 '곰 오디오'를 출시해 유저들에게 즐거운 음악감상의 기회를 제공했고 2006

대한민국의 '곰 발바닥' 아이콘이 세계로 뻗어나가고 있다. - 곰 플레이어, 곰 TV, 곰 오디오

년엔 곰 TV를 선보이면서 곰GOM 패밀리 막강 3총사를 구축하였다. 그래텍의 곰 TV는 각종 방송사, 언론사, 영화제작사, 연예기획사 등에서 제공하는 다양한 동영상 컨텐츠를 대부분 무료로 볼 수 있도록 하였고 다양한 채널을 통해 공중파 방송의 인기 드라마와 예능 프로그램을 방영하고 있다. 어쩌면 단순하다고 평가할 수 있는 네임을 코믹한 느낌의 아이콘으로 살려낸 곰GOM 시리즈는 그 우직함을 발판으로 세계로 뻗어나가고 있다.

웃기는 아이스크림
- '돼지바', '과수원을 통째로 얼려버린 엄마의 실수'

2006년 어느 날, 2002년의 월드컵경기 중 한국과 이탈리아전을 재방송해 주는 줄 알고 그때의 감동을 다시 느껴보기 위해 TV 앞에 앉았으나 갑자기 탤랜트 임채무씨의 2:8 가르마와 그의 손에 들린 아이스크림 하나만이 눈에 들어왔다. 코믹하게 패러디한 이 CF는 방영된 다음 날 네이버의 실시간 검색순위 1위를 차지하기도 했는데, 광고업계에서 '대박이 터졌다'라고 표현할 정도로 정말 쇼킹한 CF였다. 이 CF의 주인공이 바로 롯데삼강의 '돼지바'란 브랜드인데, 아마 우리나라 국민이라면 한 번쯤은 다 먹어보았을 '국민 아이스크림'이라 해도 지나치지 않다.

임채무 씨와 이순재 씨가 출연한 돼지바 TV 광고 – 30초로도 충분히 웃길 수 있음을 보여줬다.

돼지바의 패키지를 보면 귀엽게 생긴 돼지 한 마리가 있는데 아이스크림과 돼지의 상관관계가 머릿 속에 잘 떠오르지는 않지만 '재미있다'는 느낌을 주는 캐릭터이다. 돼지바를 논할 때 TV CF를 빼놓을 수 없는데, 위에서 소개한 '이탈리아전 패러디편'만큼은 아니지만 2007년 4월에 방영되어 또 한번 유머 광고의 정점을 찍은 광고가 있다. 바로 '거침없이 하이킥'의 중견배우 이순재 씨가 북한 김정일 국방위원장의 전속 이발사로 출연하여 돼지바를 먹으면서 벌어지는 해프닝을 코믹하게 연출한 광고이다. 이 광고도 네티즌 사이에서 큰 반향을 얻어 각종 블로그와 UCC 사이트에서 폭발적인 조회수를 기록했다.

2004년에는 시들어 가는 돼지바를 살리기 위해 섹시아이콘 이효리의 힘을 빌려 '~되지'와 '돼지'의 동음 이의어를 활용한 광고로 이슈를 만들기도 했다. 이렇듯 돼지바 TV CF는 '이슈 메이킹'을 통한 입소문 마케팅을 지향한다고 할 수 있다. 좀더 전문적인 용어로는 바이럴 마케팅Viral Marketing이라고 하는데, 소비자에게 급속하게 퍼질 만한 메시지를 강제적으로 주입하는 마케팅의 일종이다. 임채무 씨와 이순재 씨가 출연한 CF의 경우 그런 성향이 강해 소비자들이 스스로 확산시키고 서로 교환하는 과정을 거치는 것이다. 앞서 소개한 '곰' 시리즈처럼 '돼지'라는 흔히 볼 수 있는 코믹한 요소를 제품에 접목시키고 '펀 마케팅Fun Marketing'을 통해 브랜드의 이미지를 전달하고 있다.

'돼지바'라는 강력한 형님이 있다면 과수원을 통째로 얼린 무시무시한 동생이 있다. 바로 기린에서 선보인 '과수원을 통째로 얼려버린 엄마의 실수'란 아이스크림 브랜드이다. '본젤라또'라는 프리미엄 브랜드를 보유하고 있는 기린이 어쩌면 너무나 이미지가 다른 그리고 너무나 이름이 긴 브랜드를 선보이게 된 것이다. 코믹한 서술형의 이 브랜드는 누구나 한번 들으면 호기심을 갖지 않을 수 없다. 소비자들이 브랜드네임에 호기심을 느끼고 자연스럽게 먹고 싶은 충동으로 이어지도록 하는 것이 기린의 전략이었을지도 모른다. 또한 TV 프로그램 '무한도전'에서 '거성'이란 애칭으로 제3의 전성기를 맞은 박명수를 CF 모델로 내세워 코믹한 분위기를 한껏 돋우었다. CF는 배경음악으로 박명수의 '바다의 왕자'를 개사하고 그의 트레이드 마크인 '쪼쪼댄스'로 코믹한 분위기를 이어갔다. 여러 가지 과일의 과육을 그대로 얼려 브랜드명과 제품의 일관성을 둔 '엄마의 실수'는 단발성 스타로 끝날지 아니면 매년 과수원을 얼려버릴지는 좀더 지켜봐야 할 것이다. 그러나 빙과류 시장의 수많은 유사 브랜드들 속에서 독특한 시원함을 선사한 것은 분명한 사실이다.

16자의 긴 위트 - '과수원을 통째로 얼려버린 엄마의 실수' TV 광고

'Fun'을 입는다 – FCUK, 구김스

유럽의 대도시를 여행해본 사람이라면 욕설과 너무 흡사한 'FCUK'이라고 써 있는 사인을 봤을 것이다. 바로 모던 프렌치 캐주얼을 지향하는 영국의 의류 브랜드 'FCUK에프씨유케이'인데 1997년 런칭한 French Connection의 'FCUK'는 출시 당시 욕설과 비슷한 이미지로 유럽에서 엄청난 화제를 불러일으켰다. 당연히 회사 측은 'French Connection UK'의 약자라고 주장하지만 성행위를 상징하는 영어 속어인 'FUCK'의 변형이라고 소비자는 판단할 것이다. 그러나 많은 부정적인 이미지에도 불구하고 매출 첫해에 117억 원을 올린 FCUK는 판매에 탄력을 받아 2003년에는 350억 원의 매출을 올렸다. 하지만 FCUK은 2004년부터 점차적인 하락세를 보이면서 회사 측에 브랜드 퇴출이라는 고민을 안겨주었다. 이 브랜드는 런칭 초기부터 교회나 보수단체들에게 지속적인 공격을 받았는데 방송사에서는 TV광고의 노출을 제한하기도 하였다. 거기다 몇몇 백화점에서는 이 브랜드의 입점을 꺼렸고 결국 브랜드의 퇴출은 자연스러운 수순으로 여겨지고 있다.

폴로Polo, 넥스트Next, 갭GAP 등 어쩌면 고상하기까지 한 브랜드들 사이에서 충격적인 신선함을 선사한 FCUK는 어쩌면 유머 브랜드를 소개하고 있는 이 장에 어울리지 않을 수도 있다. 종교적 문제나 청소년에게 노출됐을 때의 악영향 등 사회적인 문제로 브랜드를 연결시키면 한없이 골치아픈 문제다. 그러나 가볍게 지나치면서 보면 실소를 자아낼 수 있는, 유머의 풍미를 아는 브랜드이다. 말도 많고 탈도 많았던 브랜드지만 그 대

FCUK 브랜드의 할말을 잃게 만드는 옥외 광고들

'fun company'를 지향하는 구김스 컴퍼니의 심볼, 로고마크, 캐릭터 티셔츠

담함에 한번쯤 되돌아 보게 만드는 매력이 있다.

FCUK를 보고 기분이 언짢은 독자가 있다면 구김스GOOGIMS 브랜드로 분위기를 전환하면 좋을 듯하다. 회사의 홈페이지에 'FUN COMPANY'라고 크게 써놓고 있는 구김스는 구김살의 '구김'과 영어의 복수형 S를 복합시켜 탄생한 명칭으로, 나이를 먹어가거나 혹은 복잡한 일상을 살아가며 얼굴에 하나 둘씩 늘어가는 구김살들을 뜻한다고 한다. 개성이 넘치는 캐릭터와 프린팅, 원색의 자유로움 등 보는 이로 하여금 행복한 미소를 짓게 하는 패션브랜드이자 기업브랜드이다.

캐릭터 사업으로 시작하여 패션아이템으로 연계해 가고 있는 구김스 컴퍼니는 오프라인 매장이 없는 온라인 브랜드이다. 아직 역사가 오래되지 않아 브랜드를 알려가는 시기이지만 벌써 많은 마니아를 구축할 정도로 브랜드 홍보가 이뤄지고 있다. 국내의 열악한 캐릭터 시장에서 새로운 돌파구를 열어가고 있는 구김스 컴퍼니가 답답한 뉴스로 매일 같이 주름살이 늘어나는 현대인에게 즐겁고 행복한 메시지를 전달하리라 본다.

패러다임의 전환: 기능과 이성에서 관계와 감성으로

네임, 심볼 등 브랜드 요소 자체에 펀 DNA를 주입한 사례에서부터 커뮤니케이션 과정에서 펀 바이러스를 전파한 경우까지 다양하게 살펴보았다. 이들의 공통점은 '재미있다'는 것, 그리고 '제품 이야기를 하지 않는다'는 것이다. 확실히 제품 관련 요소 Product Related Factor를 강조하던 시대는 끝나고, 제품 비관련 요소 Non-Product Related Factor가 브랜딩의 중요한 부분을 차지하는 시대가 온 듯하다.

이 같은 변화를 이끄는 요인들은 다양하겠지만, 무엇보다 이성적 판단보다 감성적 판단에 의존하는 경향을 들 수 있다. '품질은 평준화되었다'라는 암묵적인 인식이 있다. 이 때문에 제품 관련 속성은 구매 고려군에 진입하느냐 아니냐를 결정할 뿐 구매의 결정적 기준이 되기는 어렵다. 즉, 품질은 심각한 문제만 없으면 된다. 그리고 제품과 직접 관련이 없는 요소들, 외관이나 주관적인 느낌 중 강력한 유인 요소가 있어야 최종 선택 대상이 될 것이다.

두 번째 요인은 구전의 중요성이 증가하고 있다는 사실이다. 우리나라는 구전효과가 특히 큰 편이다. 이른바 입소문에 좌우되는 것이 많다는 것이다. 이러한 특성과 더불어 인터넷이라는 매체 특히 블로그나 UCC의 부각은 구전의 중요성을 더욱더 높이고 있다. 사람들 사이에서 회자될 만한, 또는 블로그나 UCC에 담길 만한 화젯거리가 없다면, 브랜드를 알릴 기회는 그만큼 줄어든다. 바이럴이 가장 쉽게 일어날 만한 요소로 기업들이 주목하는 것, 그게 바로 'Fun'이며, 기업들에겐 결코 즐겁지만은 않은 과제이다.

그런데 '왜 하필 Fun이냐'라고 물으면 더 이상의 날카로운 대답은 없다. 'Fun'을 기업에 도입하면 15%의 사기 진작, 생산과 소비에 있어서 40%의 향상을 가져온다는 보고도 있다.[05] 하지만 그보다는 '웃으면 복이 온다'는 격언이 더 마음에 와 닿는다. 이성을 인간의 가장 중요하고 본질적인 특성이라 생각하는 만큼, '웃음'도 그렇지 않은가라는 생각이 든다. 더욱이 우리 현대인에게는 말이다.

---

05 "마케팅도 경영도 캔(Can)에서 펀(Fun)으로 이동중", 넥스트이코노미, 2006. 3. 12

TREND 22 서정적 브랜딩

시처럼 음악처럼 감수성을 자극한다

한 소녀가 거리에서 장미꽃을 팔고 있다.
'장미 한 송이 사세요.'

또 다른 한 소녀가 장미꽃을 팔고 있다.
'사랑 한 송이 사세요.'

과연 어떤 장미가 더 마음에 와 닿을까?
 현대사회의 트렌드가 '감성'을 강조하면서 기업의 마케팅 역시 소비자들의 '감성'을 자극하는 이른바 감성 마케팅이 주류에 들어오고 있다. 특히, 소비자 인식의 시발점인 브랜드네임에 있어서 '서정성'은 브랜드의 주목성을 높이는 중요한 역할을 담당하고 있다.
 광화문의 파이낸스 센터에 위치한 퓨전레스토랑 '마이엑스와이프시크릿레시피My X wife's secret recipe는 이러한 관점에서 기가 막히다. 헤어진 후에도 못 잊을 만큼 뛰어난 전처의 요리실력을 나타낸 이 레스토랑의 이름은 그 자체로 소비자들에게 여러 흥미거리들을 상기시키며 고객들에게 정서적인 감흥을 전달한다.

브랜드네임에서의 서정성은 크게 두 가지 관점에서 볼 수 있는데, 첫 번째는 브랜드의 명칭 자체에서 나타나는 서정성이며, 두 번째는 브랜드의 여러 활동을 통해 나타나는 서정성이다. 명칭 자체에서 나타나는 서정성은 브랜드 자체의 언어적인 의미와 연상되는 이미지로 인해 고객의 마음을 정화시키는 것이라 할 수 있으며 브랜드의 여러 활동에 의해 나타나는 서정성은 명칭 자체보다는 광고 등의 커뮤니케이션에 의해 생성된 이미지들이 브랜드의 이미지를 대변하는 것이라 할 수 있다.

이국적인 감수성, 낭만을 자극하는 브랜드

이태리 남부의 세계적인 미항 나폴리에는 적당한 형용사가 떠오르지 않는, 지중해의 바다 빛깔보다 더 아름다운 섬 카프리^{Capri}가 있다. 칠레의 공산주의 혁명가이자 시인인 네루다와 우편배달부 마리오의 우정을 담은 영화 일 포스티노$^{Il\ Postino}$의 무대이기도 했던 카프리는 영화 내내 네루다의 시詩, 루이스 바칼로브의 아름다운 선율과 더불어 카프리의 매혹적인 풍광이 영화 전반을 넘실댄다.

구 OB맥주의 저칼로리 맥주인 카프리^{Cafri}의 본 의미는 저칼로리$^{Calorie\ Free}$이다. 하지만 명칭 자체에서 연유하는 카프리섬의 이미지와 결부되면서 지중해의 정취와 여유를 느끼게 한다.

헬렌^{Helen}의 아일랜드식 이름인 에일린에서 오는 이국적인 어감과 문

OB의 저칼로리 맥주, 카프리

일신건설의 새로운 아파트 브랜드, 에일린의 뜰

학적 감수성이 살아있는 아파트 브랜드 '에일린의 뜰'에서는 문화와 자연 친화의 느낌이 묻어난다. 기존의 캐슬이니 팰리스니 진작에 '평민 출입금지 구역'이 되어버린 아파트에 '에일린의 뜰'이란 이름을 붙인 것부터 신선하지 않은가? 같은 아파트, 같은 평수 주민이 아니면 말도 안 섞는 좀 산다는 사람들에겐 인기가 없을 것 같지만 말이다.

'에일린'은 주체적이고 감성적인 라이프스타일을 가진 행복한 여성을 은유한 것이다. 여기에 차분한 휴식을 의미하는 '뜰'이라는 개념을 더하면서 인간을 위한 가장 조화로운 공간을 만들고자 하는 의지를 표현했다.

차가운 기술에도 따뜻한 감성을

LG전자의 초콜릿은 펫네임$^{Pet Name}$이다. 메인 브랜드를 보조하는 역할이었지만, 명칭 자체의 독특함 때문에 어느덧 싸이언을 대표하는 브랜드로 자리 잡았다. 무엇보다 그 제품의 외관을 감성적으로 풀어냄으로써 소비자들이 갖고 싶어하는 핸드폰으로 세계시장에서도 엄청난 성과를 올

LG전자의 휴대폰 브랜드 초콜릿(좌), 삼성전자의 TV 브랜드 보르도(우)

렸다. 기존의 애니콜이나 싸이언처럼 기술이나 기능을 강조하는 것이 아니라 어찌 보면 액세서리와 같은 디자인 요소를 감성적으로 부각시키면서 소비자들에게 어필하였다.

삼성전자의 HDTV 주력 브랜드인 '보르도' 역시 마찬가지이다. 파브^{PAVV} 브랜드의 특정 제품 애칭인 '보르도'는 기존 TV와 별다른 기능적 차이가 없음에도 불구하고 와인잔 외관의 특성을 살려 포도주의 고향 프랑스의 보르도^{Bouredeux}를 명칭으로 사용함으로써 소비자들에게 특별한 가치를 각인시키는 효과를 거두었다.

인간에게만 '인간적이다'라고 말한다

브랜드의 활동에 의해 나타나는 서정성의 대표적인 브랜드는 '노무현' 전 대통령이 좋은 예일 수 있다. 2003년 대선에서 한나라당 후보였던 이회창 씨는 안정감과 집권 능력을 부각시키는 정치캠페인을 전개하였으나 국민들의 신뢰를 얻지 못했다. 반면, 노동변호사 출신이며 국회의원

감성을 자극하는 정치 광고 캠페인

선거에서도 탈락한 경험이 있는 열린우리당의 노무현 후보는 '기타 치는 대통령', '눈물' 등의 광고캠페인을 통해 국민들의 정서를 자극했고, 다양한 요인이 작용했지만 결국 대한민국의 대통령이 되는 데 성공하였다.

우리는 인간에게만 흔히 '인간적이다'라고 말한다. 따뜻한 면모를 보일 때나 자신의 감정을 순수하게 드러낼 때 '인간적이다'라고 말하고, 대부분 경우 호의적인 의미로 사용한다. 이는 사람들의 마음 깊은 곳에 이성과 논리보다는 서정성이 보다 중요한 잣대로 자리하고 있다는 증거이다.

세계적인 패션브랜드 DKNY는 패션디자이너 도나 카란 Donna Karren 의 이니셜에서 출발하였다. DKNY는 브랜드 커뮤니케이션이나 패션 스타일을 통해 뉴욕의 자유분방함과 다양성을 그대로 드러내고 있다. 모든 명품 패션브랜드가 자신만의 독특한 스타일을 팔고 있지만, DKNY는 자신의 스타일을 뉴욕의 이미지에 투사한다는 점이 특징이다. 즉, 옷과 액세서리를 통해 뉴욕의 이미지, 사람들이 생각하고 동경하는 뉴욕의 느낌을 팔고 있는 것이다. DKNY는 매스티지 Masstige 에 대한 선호, 상향 구매 현상 Trading up 과 맞물려 뉴욕을 동경하는 유럽과 아시아의 고객층을 확장해가고 있다.

뉴욕과 스스로를 동일시하는 패션 브랜드 DKNY

　　브랜드의 서정성이 소비자들의 마음을 움직이는 강력한 동인이 되고 있다. 노무현이라는 브랜드가 기존의 정치인 컨셉을 완전히 바꿈으로써 거듭났고, 제품의 기능을 전혀 알 수 없는 '초콜릿'이나 '에일린의 뜰'과 같은 브랜드들이 주목받는 현상은 새로운 시대의 주역은 이성이 아닌 감성임을 보여주는 것이다.

　　브랜드의 서정성 구현에서 중요한 점은 명칭 자체에 서정성을 담는 것에 국한하기보다는 브랜드를 성장시키는 과정에서 서정성의 이미지를 심는 것이다. '첫눈'이나 '카프리'처럼 그 이름만으로도 감성적인 이미지가 떠오르는 브랜드네임을 개발하는 것도 좋지만, 언어적 소스의 한계, 상표 등록의 어려움 때문에 모든 브랜드가 가능한 것은 아니다. 그리고 명칭은 브랜드의 일부 요소일 뿐이며, 이미지를 생성시키는 다양한 커뮤니케이션이 복합적으로 전개될 때 파워 브랜드로 거듭날 수 있다. 결국 서정성을 억지로 가져오기보다는 점차 가꾸어 나가는 것이 정답이라 하겠다.

TREND 23 채러티 브랜딩

세상과의 아름다운 교감

2008년 2월 4일과 5일 이틀 동안 서울 여의도 KBS 본관 시청자 광장에서 '착한소비전展'이라는 이색적인 이름의 행사가 열렸다. '착한소비전'에서는 네팔의 오지 마을에서 재배한 커피를 국내에서 로스팅한 '안데스의 선물', 아시아 빈곤층 여성들이 만든 자연주의 의류 등의 공정무역 Fair Trade 상품을 비롯해 생협상품, 재활용품을 전시 판매하였다. 즉, 제3세계 국가의 가난한 생산자에게 정당한 노동의 대가를 지불하고, 우리 농민들에게는 안정적인 생산활동을 지원하자는 취지의 행사였다. 소비자들의 윤리의식이 성숙해진 덕분일까? 계몽적 운동성향의 이 소비전은 예상보다 훨씬 많은 사람들이 몰려 제품이 모자랄 정도로 성황을 이루었다고 한다.

착한 소비자의 등장

2007년 7월 맥킨지가 발표한 '경쟁의 새 규칙 형성'이라는 보고서에는 윤리적 소비자층의 성장을 전망하면서 윤리적 소비자 Ethical Consumers를 '제품 구매 결정을 할 때 최소 몇 번 정도는 해당 기업의 사회적 평판을 고려하는 소비자'로 규정하는 내용이 있다. 즉, 윤리적 소비자에게는 기업이 사회의 주체로서 역할을 하고 있는지 여부가 중요한 구매기준인 것이다. 이것은 기존의 이성적 소비와 감성적 소비를 넘어 정신적 수준에 이른 소비행태이며, '착한소비전'은 맥킨지가 전망한 윤리적 소비자의 행동이 표면화되고 있음을 단적으로 보여주고 있다.

한편으로 이러한 변화는 기업에게 새로운 도전을 제기하고 있다. 이윤추구가 존립의 근거이자 목적인 기업은 이를 어떻게 받아들여야 할까? 여러 가지 사례를 분석하면서, 기업이 '이윤과 윤리의 공존'이라는 숙제를 어떻게 풀어가야 할지 살펴보자.

기업과 사회의 공통분모에서 시작하는 채러티 브랜드

아모레퍼시픽은 여성이 주요 고객인 화장품기업답게 사회공헌활동도 '여성'에 초점이 맞추어져 있는 것이 특징이다. 한국유방건강재단과 공동으로 전개하는 '핑크리본 캠페인'과 미래 여성 과학자 육성을 위해 제정된 '아모레퍼시픽 여성과학자상', 그리고 저소득층 여성 가장의 자활을 위한 '희망가게'에 이르기까지, 여성 분야에 관해서는 국내 기업 중 가장 왕성한 사회공헌활동을 전개하고 있다.

특히 2001년부터 시작된 '핑크리본 캠페인'은 사랑마라톤대회, 자선콘서트, 대국민 건강강좌, 유방암 무료 검진 및 치료비 지원 등 다양한 프로

아모레퍼시픽 사회공헌활동 엠블렘과 핑크리본 캠페인 심볼

그램으로 구성되어 있어 유방암에 대한 예방의식 향상과 함께 환자들에게 실질적인 혜택을 제공하고 있다. 이러한 프로그램들은 '아름다움과 건강을 창조하여 인류에 공헌한다'는 아모레퍼시픽의 창립 이념을 구체화해주며, 핵심 고객인 여성에게 깊은 신뢰감을 형성해준다. 즉, 회사가 추구하는 가치이면서 사회적으로 중요한 문제인 '여성'과 '건강'을 중심으로 사회공헌활동을 전개함으로써 기업브랜드를 강화하고 핵심 고객과의 긴밀한 유대관계를 구축하고 있다.

아모레퍼시픽은 기업브랜드뿐만 아니라 개별 브랜드 차원에서도 각각의 아이덴티티와 공통분모를 가진 사회문제를 선별하여 사회공헌활동을 하고 있다. 자연주의 화장품을 표방하는 이니스프리innisfree는 '그린라이프Green Life'라는 이름의 환경캠페인을, 브랜드 컨셉이 '꽃'인 마몽드mamonde는 한국야생화연구소와 함께 '우리들꽃지킴이' 캠페인을 전개하고 있다.

더불어 매스커뮤니케이션의 모델을 공익캠페인의 모델로도 활용하여 브랜드와 공익캠페인 간의 톤앤매너를 일치시키고 있는데, 이는 소비자가 해당 브랜드를 접할 때 사회공헌활동의 이미지가 오버랩되는 효과를

아모레퍼시픽의 들꽃사랑 캠페인 광고와 아모레퍼시픽 마몽드 제품 광고

노린 것이다. 이처럼 공통분모를 가진 사회문제는 연관성 있는 커뮤니케이션을 통해 더 적은 자원의 투입으로 더 짧은 시간 안에 브랜드 아이덴티티를 강화할 수 있게 한다.

도브는 2004년부터 '리얼뷰티 캠페인'을 진행하고 있다. 그들의 목표는 '여성들이 자신의 아름다움을 발견하고 이를 당당히 내세울 수 있도록 하는 것'이다. 환경이나 가난, 질병 등 주요 사회적 이슈에 대한 채러티 브랜드가 대부분이다 보니, 캠페인의 무게가 다소 가볍게 느껴질 수 있을 것이다. 그러나 도브가 직접 조사한 바대로 단 1%의 한국 여성만이 자신이 아름답다고 느낀다는 사실을 안다면 결코 가볍지 않은 '문제'라는 데 이견이 없을 것이다.

도브는 리서치와 파격적인 광고를 통해 진정한 아름다움에 대한 문제를 제기하고, 어린 여성들을 위한 교육기금을 운영하고 있다. 특히 '이미지 조작'을 통해 미인이 만들어지는 과정을 보여준 미국 TV광고는 우리가 추구하려는 아름다움이 얼마나 가공되고 불가능한 목표인지를 보여

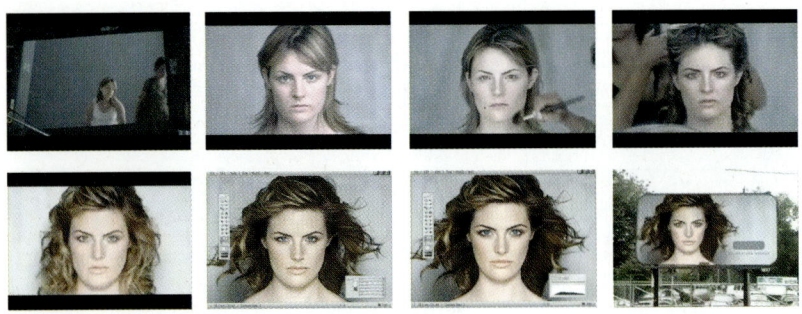

도브 리얼뷰티 캠페인 TV 광고
대다수 여성들이 추구하고자 하는 아름다움이 얼마나 비현실적인 것인지를 말하고 있다.

줌으로써 국내에까지 큰 반향을 불러일으켰다.

교육기금은 주로 교육프로그램 제작에 쓰이는데, 미국에서는 걸스카우트와 함께 'Uniquely Me'라는 자신감향상 프로그램을 만들어 138,000명 이상의 소녀들을 대상으로 교육을 진행했다. 또한 'Body Talk', 'True you'라는 컨텐츠를 제작 배포해 아름다움에 대한 새로운 관점을 제시하고 있다.

도브는 리얼뷰티 캠페인을 통해 경쟁 브랜드와 확실한 선을 긋고 있다. 도브는 여성들에게 실현 불가능한 미적 목표를 이야기하고 그 목표 달성을 위해 필요한 무기로서 브랜드를 제시하지 않는다. '더 아름다워지려는' 실현 불가능한 꿈 때문에 스트레스를 받지 말고 '다르게 아름다워지라'는 메시지를 던지고 있는 것이다. 타깃과 주제 면에서 도브 브랜드와 리얼뷰티 캠페인은 강한 연계성을 가지고 있지만 그 메시지는 매우 의외이고 독특하다.

기업의 비전을 구체화하는 채러티 브랜드

2001년부터 매년 '사회공헌활동 백서'라는 이름의 보고서를 내고 있는 SK는 국내 대기업 중에서 가장 활발한 사회공헌활동을 추진하는 기업으로 손꼽힌다. 이 보고서는 사회복지, 교육, 환경, 문화 등 지원이 필요한 부문별로 각 계열사들이 어떠한 활동을 했는지 상세하게 기록하고 있다. 사실 아직까지도 대부분의 국내 기업이 사회공헌에 대한 활동 내용을 연차 보고서나 지속가능 보고서Sustainability Report에 한 꼭지 정도 싣는 것으로 대신하는 상황에 비추어볼 때, SK의 사회공헌활동 백서 발간은 반 보 앞선 CSR 커뮤니케이션으로서 그 의미가 크다고 할 수 있다.

SK의 대표적인 사회공헌활동은 '행복도시락' 사업이다. 3년간 460억 원이 투입되어, 전국에 48개 급식센터를 설립하여 운영하면서 2008년 현재 하루에 약 1만식의 급식을 하고 있다. SK는 행복도시락 사업을 위해 별도 법인을 설립하고 전문인력을 채용하는 등 체계적인 도시락 급식에 힘쓰고 있다. 기존에도 급식활동을 전개하는 많은 기업과 단체가 있었지만, SK의 '행복도시락'은 기존의 것과 두 가지 면에서 차별화된 의미를 갖는다. 하나는 기업, 정부, NGO 3자의 역할분담을 통한 협력체제 구축으로 지원 중복을 최소화했다는 점이고, 다른 하나는 단순한 급식 제공 차원을 넘어 노인 등의 소외계층이 직접 배달하는 방식을 도입하여 일자리를 창출했다는 점이다. 2007년 7월 기준으로 '행복을 나누는 도시락' 27호점을 열어 약 700여 개의 새로운 일자리를 만들었다.

이것은 SK가 사회공헌활동을 일회성 지원이 아닌, 근본적인 변화를 목

SK그룹 사회공헌 비주얼 아이덴티티 – 사랑의 홀씨, SK 행복나눔재단, 행복을 나누는 도시락

 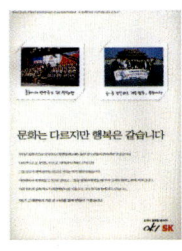  

SK그룹의 기업 광고 – 1999년 '고객이 행복할 때까지'라는 기업 슬로건 적용을 시작으로 '행복'을 주제로 한 광고를 꾸준히 해오고 있다.

표로 설정하고 지속적으로 추진해온 데 따른 성과이다. 그렇다면 SK는 이러한 사회공헌활동을 브랜드 관점에서 어떻게 활용하고 있을까?

SK라는 기업브랜드의 이미지 키워드는 '행복'으로 압축된다. SK는 사회공헌활동이라는 개념 자체가 생소하던 1999년부터 그룹 차원에서 13편의 인쇄광고와 함께 대대적으로 집행한 고객행복 캠페인광고 '고객이 행복할 때까지 OK! SK'를 시작으로, 2005년 교체해 현재 사용하고 있는 CI 행복날개에 이르기까지 10년 동안 '행복'을 일관되게 커뮤니케이션하고 있다. 중요한 것은 SK의 일관된 '행복' 커뮤니케이션이 광고와 기업PR에 머무르지 않고 사회공헌활동으로 연계, 확대되었다는 점이다.

SK는 매스커뮤니케이션에서 강조해왔던 '행복'이라는 단어를 사회공헌활동 프로그램의 이름에 공유함으로써, 후원자를 암시하는 영리한 연계 전략을 취했다. 앞서 소개한 결식이웃 지원 도시락 사업은 '행복도시락'으로, 해비타트Habitat와 공동으로 추진하는 사랑의 집짓기 사업은 '행복마을'로, 독거노인, 혼혈아동, 장애우 부부 등 소외 이웃을 지원하는 행사는 '행복릴레이'로, 자선바자회는 '행복나눔'으로 명명했다. 이처럼 SK는 '행복'을 모든 사회사업 명칭의 공통키워드로 사용하고 있다. 이처럼 키워드 '행복'을 활용한 사회공헌활동 프로그램은 SK 기업브랜드의 아이덴티티인 '고객행복'을 소비자에게 가시화하는 역할을 한다.

'강산이 변한다'는 10년이라는 시간 동안 집중적으로 소구해 온 '행복'은 이제 사회공헌활동으로까지 확대되어 SK 고유의 아이덴티티 키워드 Identity Keyword로 자리 잡았다. 이렇게 만들어진 아이덴티티 키워드를 통해 SK는 차가운 이미지의 통신사업과 반환경적 이미지의 정유사업을 주력으로 하면서도 '고객행복 주식회사'라는 공익적인 기업브랜드 이미지를 구축하고 있다.

장기적 실천으로 진정성을 전달하는 채러티 브랜드

사회공헌활동에 있어서 유한킴벌리는 대한민국 대표선수다. 대학교의 환경경영과 그린마케팅의 성공 사례에는 어김없는 단골메뉴로 등장한다. '우리강산 푸르게 푸르게'로 대표되는 환경캠페인을 무려 25년 동안 지속해오고 있다. 필립 코틀러가 사회공헌활동에 있어서 장기적 실천을 요구하며 내세운 기준이 3~4년인 것을 감안하면 한 세대에 가까운 25년

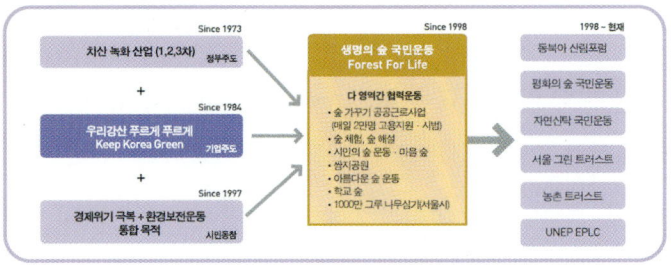

유한킴벌리의 '우리강산 푸르게 푸르게' 캠페인

간 전개해 온 '우리강산 푸르게 푸르게' 캠페인은 특히 지속성에 관한 모범사례라고 할 수 있다.

사실 '우리강산 푸르게 푸르게'를 시작한 초기에 외부에서는 의심의 눈길로 바라보았다. 벌목에 대한 부정적 인식을 탈피하기 위해 제지사업자가 소비자의 눈을 가리기 위한 수단으로 사용한다는 생각이 대부분이었다. 그러나 1985년부터 매년 식목일 전후에 열리는 '신혼부부 나무심기'와 1988년부터 청소년들 대상으로 개최되고 있는 '그린캠프'와 같은 체험 프로그램들을 통해 소비자들의 인식이 조금씩 변화하기 시작했다. 그러던 중 1996년 ISO 14001이 국제규격으로 제정되면서 기업의 환경경영 체제에 대한 관심이 급속히 증대되었고, 한편으로 환경인증을 받은 기업들이 오염물질을 배출하는 부정사례들이 적발되면서 단순히 인증을 받은 기업보다는 오랜 동안 환경에 대해 실천적 모습을 보여온 기업이 주목받게 되었다. 환경인증 기업들의 부정사례가 유한킴벌리를 상대적으로 더욱 돋보이게 만들어준 것이다. 이후로도 유한킴벌리는 '우리강산 푸르게 푸르게'의 컨텐츠를 더욱 풍부하게 발전시켜 나갔다.

'우리강산 푸르게 푸르게'는 유한킴벌리를 단순히 나무를 가꾸는 기업에서 진정으로 미래를 생각하는 환경기업으로 위상을 한 단계 격상시켜주었다. 만약 유한킴벌리가 사회공헌활동을 3~4년만 실천했다면 이러한 성과는 달성되기 어려웠을 것이다. 단기적인 이벤트나 프로모션이 아닌 지속성이 담보될 때 소비자는 그 기업의 진정성에 신뢰로 보답하는 것이다. 이것이 바로 기업들이 사회공헌활동의 초점을 사회 문제의 근본적인 변화에 맞추고 기업브랜드가 얻게 되는 효과에 대해서는 긴 호흡을 가져야 하는 이유다.

기업의 틀을 넘어선 사회공헌활동

기업이 사회에 일방적으로 공헌하는 형태 또는 기업이 주도하고 고객의 참여를 이끌어내는 형태가 대부분의 기업의 사회공헌 방식이다. 그러나 한 기업의 사회공헌활동으로 시작해 비영리 조직으로 변화하고, 또다시 기업들의 사회공헌을 끌어낸 특이한 사례가 있다. 바로 '1% FOR THE PLANET'이다.

고기능성 아웃도어 브랜드로 주로 등산복, 등산도구를 판매하는 '파타고니아Patagonia'는 1985년부터 판매금의 1%를 자연환경의 보존, 복구를 위해 기부해왔다. 파타고니아의 창업자인 이본 쉬나드Yvon Chouinard는 이

매출의 1%를 기부하는 기업들의 비영리조직, '1% FOR THE PLANET'

매출의 1%를 사회복지에 기부하여 행복나눔을 확산하는 '행복 N'

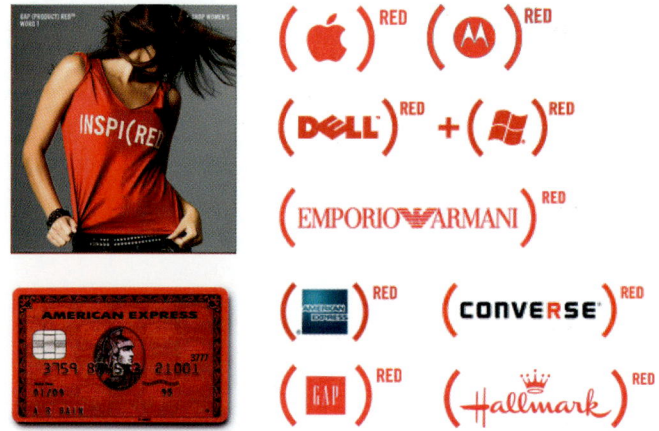

사회공헌활동에 브랜드와 소비자를 참여시키는 놀라운 방식 - 레드 캠페인

를 본격화해, 2001년 '1% FOR THE PLANET'이라는 비영리 조직을 꾸리게 된다. 역시 Blue Ribbon Flies라는 회사의 소유주인 크레이그 매튜 Craig Mathews와 함께 말이다. 이본 쉬나드가 파타고니아에서 해왔던 형태 그대로 판매금의 1%를 기부하는 방식이며, 크든 작든 자신의 사업을 영위하고 있는 기업의 오너에게 멤버십을 부여하는 형태로 참여를 유도하고 있다.

국내에는 잘 알려지지 않았지만 이미 700개가 넘는 기업들이 참여해 3천만 달러가 넘는 금액을 1,500여 개의 환경단체에 기부했으며, 하루 한 개의 기업이 이 조직의 멤버가 되고 있다.

(RED)라는 채러티 브랜드를 소개하고자 한다. 이 브랜드는 아프리카 에이즈 문제의 심각성을 알리고 The Global Fund의 기금 마련을 위해 탄생했다. 글로벌 펀드를 통한 최종 수혜자는 역시 아프리카의 여성과 어린이들이다.

이들은 아주 간단한 아이디어로 기업과 고객 모두에게 '쉽게 사회공헌에 참여하는 법'을 알려주고 있는데, 다름 아닌 '브랜드'를 통해서다. (레드) 캠페인에 동참하고자 하는 기업은 기존 제품을 '빨갛게' 만든다. 또 자사 브랜드를 괄호 안에 넣고(그들은 이를 'the embrace', 즉 포옹한다고 표현한다), TM$^{Trade\ Mark}$을 표기하듯이 RED를 위 첨자로 표기하면 된다. 이로써 '이 제품의 판매수익 1%는 글로벌 펀드에 기부한다'는 약속을 알리는 것이다.

고객은 더욱 쉽다. 필요한 물건을 사면서, 동시에 뜻깊은 일을 하고 싶다면 www.joinred.com에서 ( )^{RED} 브랜드가 부착된 것을 고르면 된다. 이런 방법으로 갭, 델, 모토로라, 아이튠즈, 컨버스 등 다양한 브랜드의 제품을 구매할 수 있다.

이 캠페인은 사회공헌을 통해 기업이미지를 높이고자 하는 기업들의 이기적인(?) 목표와, 좋은 일을 하고는 싶지만 브랜드를 포기할 수는 없는 고객들의 욕구를 한 가지 아이디어(괄호 하나로!)로 멋지게 수용했다는 점에서 높이 평가할 만하다.

사회공헌활동, 전략적으로 브랜딩하자

　2008년 1월에 영국 일간지 〈파이낸셜 타임즈〉가 2008년에는 기업의 사회적 책임CSR에 대한 냉소주의 물결이 모든 기업 경영자들을 휩쓸 것이라고 전망하면서, CSR은 일시적 유행 단계를 지나 퇴장해야 할 시점에 이르렀다는 보도를 한 적이 있다. CSR 전문가들조차 사회공헌활동의 성과를 측정하는 평가시스템 수립이 매우 어려운 일임을 지적하고 있는 와중에 해외 유수의 일간지까지 CSR에 대한 회의론을 들고 나와 국내 기업들은 매우 혼란스러워하고 있다.

　그러나 소비자들은 혼란스러워하지 않는 것 같다. 컨설팅업체 코네 사의 2004년 조사에 따르면 '가격이 같을 경우 사회적 책임을 다하는 기업의 제품을 사겠다'는 응답자가 무려 86%에 이를 정도로 소비자는 기업의 사회공헌도에 높은 점수를 주고 있다. 심지어 2006년 10월 넷임팩트 설문조사 결과 MBA 재학생 중 절반 이상이 '사회공헌활동을 잘 하는 기업에서 일하기 위해 더 낮은 연봉도 감수할 용의가 있다'고 응답했다. 이는 자신의 경제적 이득보다도 기업의 사회적 책임에 더 큰 비중을 두고 있는 소비자들의 성숙한 윤리의식을 보여준다. 이러한 조사결과들은 기업의 사회공헌활동이 거스를 수 없는 대세임을 뒷받침해주고 있다. 특히 우리나라와 같이 높은 수준의 반기업 정서를 가진 환경에서 사회공헌활동이 선택이 아닌 필수라는 데 이견이 없다. 반드시 해야 한다면, 제대로 해야 성과도 얻을 수 있을 것이다.

　사회공헌활동의 목적은 기업의 평판을 높이는 데 있다. 바꾸어 말하면 사회공헌활동 프로그램은 기업의 브랜드 아이덴티티를 강화하는 데 초점이 맞춰져야 한다. 사회공헌활동의 브랜딩 전략은 전체 브랜드 아이덴티티 시스템 하에서 사회공헌활동의 선별과 집중, 지속을 통해 경쟁사가 모방할 수 없는 가장 높은 차원의 브랜드 아이덴티티를 구축하는 것이다.

2008년 1월 14일 대한민국 국보 1호 숭례문이 방화범에 의해 전소되었다. 경비 용역업체였던 KT텔레캅이 조사받으며 곤욕을 치렀는데, 예상 복원비용인 200억 원을 KT그룹 차원에서 적극적으로 나서서 지원했다면 어땠을까? 선두 건설회사들도 광고에서만 문화를 짓는다고 외치지 말고 국보 1호의 재건사업에 동참해 사회적 책임을 다하고 있음을 보여주는 것도 괜찮은 전략일 것이다. 자, 이제 사회공헌활동의 브랜딩 전략을 이해했다면 지금 우리 기업이 또는 우리 브랜드가 어떤 사회문제와 맞물릴 때 가장 큰 시너지를 낼 수 있는지 고민해보자.

TREND 24 크로스오버 브랜딩

익숙한 둘이 만든 낯선 하나

사람들은 고유한 정체성을 유지한 다양성과 교감을 이루며 즐거움을 찾는다. 그런 즐거움들은 주위에서 속속 살펴볼 수 있다. '클래식과 대중음악을 결합한 전자바이올리니스트 유진박', '동서양의 퓨전 푸드', '가야금 캐논', '클래식을 한국적 감수성과 연결시킨 조수미 음악', 여성적 감수성을 스스럼 없이 체화한 '메트로섹슈얼' 등등. 이제는 서로 다른 요소들이 만나 더 새로운 것들을 만들어내는 시대다. 이들은 모두 서로 상이한 것들이 경계를 넘고 만나 발전하고 새로워지는 것이다.

최근엔 일상 전반에서 '건너가다'라는 의미의 크로스오버Crossover, 보더리스Borderless, 퓨전Fusion, 하이브리드Hybrid, 컨버전스Convergence 등의 단어들이 자주 거론되는 것을 볼 수 있다. 그리고 언제부터인가 크로스오버는 너무나 익숙한 단어가 되어버렸다. 크로스오버는 음악에서 본래 재즈와 락의 결합을 의미하며, 하나의 장르로 자리 잡은지 오래이다. 그리고 요즘에는 클래식과 대중음악, 국악과 서양악기 등 다양한 장르와 영역의 만남 등으로 그 개념이 확대되고 있다. 몇 년 전까지만 해도 서로 다른 영역을 이어주는 단순한 가교 역할에 머물렀던 것이 지금은 그 자체가 새로운 영역을 개척하고 시장을 창출하고 있는 것이다. 이러한 크로스오버의 경향은 브랜드에서도 찾아볼 수 있었다. 요즘 많은 브랜드들도 소비자들에게 접근하기 위해 크로스오버 전략을 사용하고 있다. 그러면 크로스오버를 통해 강력한 브랜드 이미지를 형성한 사례들을 살펴보자.

동양과 서양, 고대와 현대가 만들어내는 '새로운 공존의 길'
– 타오(TAO), 타조(TAZO)

2000년 뉴욕 맨해튼에서 문을 연 타오^{TAO}는 가장 큰 규모의 아시안 퀴진^{Cuisine}으로 많은 인기를 누리고 있다. 타오^{TAO}는 도道를 뜻하며, 道의 중국식 발음을 영어로 표기한 것이다. 아시안 시티로 이르는 길이라는 그 의미처럼 서양과 동양의 문화가 만나 새로운 가치를 창출하고 문화를 대변하는 이 브랜드는 어느 한 문화를 고집하는 것이 아닌 서로를 표현하고 있다.

타오^{TAO}는 고급 레스토랑, 나이트 클럽, 라운지, 바의 다양한 시설이 갖춰진 멀티 콤플렉스 공간으로도 유명하다. 타오^{TAO}는 뉴욕에 이어 라스베가스 베네치안 호텔에 다이닝과 엔터테인먼트를 결합한 멀티 컴플렉스 공간을 탄생시켰다. 한편 타오^{TAO}는 아시아적 성향에 한 걸음 더 가까워지고 있는데, 트렌디한 멀티 콤플렉스와 동양 문화가 어우러져 새로운 느낌의 공간을 창출하고 있다.

"마르코 폴로가 마를린 몬로를 만나다."라는 독특한 캐치프레이즈를 통해 1994년 커피 중심의 미국시장에 진출한 타조^{TAZO}는 2003년 스타벅

불상을 활용한 TAO의 내부 인테리어(좌), TAO 클럽의 광고(우)

TAZO의 Tea 패키지(좌), TAZO의 로고 디자인(우)

스에 인수된 후, 전세계 스타벅스 체인점을 통해 판매되고 있다. Tazo라는 말의 어원은 옛 그리스어에서 찾을 수 있는데 '생명의 강 River of Life'이라는 의미를 가지고 있다. 타조 차는 브랜드 확장을 통해 다양한 제품군을 형성하였고 적극적인 마케팅을 통해 현재 미국의 자연 건강음료 시장에서 점유율 1위를 차지하고 있다.

 타조라는 단어는 고대(차는 물을 제외한 가장 오래된 단어이다)와 현대(정교함과 다양함)의 결합이다. 손으로 쓴 듯한 신비스럽고 암호 같은 Tazo 로고와 '차의 재림 The Reincarnation of Tea'이라는 태그 라인 Tag Line은 고대 아시아의 향을 부활시킨다. 8개의 맛마다 각기 다른 색상을 패키지에 적용해 일관성을 부여하였고 각 제품에는 일반적인 명칭이 아닌 감성을 불러일으키는 새로운 이름들을 붙였다. 'Awake기상', 'Calm고요', 'Zen선', 'Passion열정', 'Refresh재충전' 등이 그것인데, 제품에 대한 느낌을 브랜드네임으로 정함으로써 서양인들이 동양의 차를 친근하게 받아들일 수 있도록 하였다.

생활 속에 파고드는 예술이 크로스오버되다 – '빅팟', '퀴담'

접하기 어려웠던 예술과 현실 사이의 간격이 점점 좁아지고 있다. 서로 가까이하기가 어려웠던 것들이 이제는 브랜드를 매개로 자연스럽게 하나가 되어 소비자들의 생활 속에 파고들고 있다. 결국 생활은 예술이 되고 예술은 다시 생활이 되는 것이다.

브랜드를 알리는 최근의 미디어들을 보면 다채로운 장르와 결합하는 '크로스오버Cross Over' 현상이 눈에 띄게 늘고 있다. 제품과 브랜드 이미지를 보다 다채롭고 신선하게 표현하기 위한 것이다. 현대 조형 미술계의 거장인 프랑스 장 피에르 레이노의 작품이 하나은행 광고에 등장해 화제다. 장 피에르 레이노는 파리 퐁피두 센터와 베이징 자금성에 설치한 초대형 화분 등 오브제 작업으로 유명한 거장으로 현대 미술의 태동을 알린 인물로 알려져 있다. 현존 작가의 작품이 광고에 등장한 것은 매우 이례적이다. 레이노의 작품을 내세운 하나은행 광고는 CMA보다 큰 PMA라는 컨셉의 신상품 '빅팟'을 알리기 위한 것으로 고객 자산을 크게 키우는 '빅팟'의 정신과 레이노의 대표작인 '빅(플라워)팟' 개념을 동일시함으로써 PMA 상품의 우수성을 강조한다.

최근 노트북과 휴대전화 등 첨단 IT 제품에도 '크로스오버' 바람이 불

BIGPOT의 인쇄광고(좌), 장 피에르 레이노 작품(우)

LG그룹 '생활이 예술이 된다는 것' 시리즈 광고

고 있다. 전자제품 외의 다른 영역에서 이미지를 빌려 차별화하려는 전략이다. LG전자는 서커스를 '예술 혁명'으로 승화시킨 '태양의 서커스 퀴담 Quidam'에 착안해 자사의 LCD TV를 '엑스캔버스 퀴담'으로 명명하였다. XCANVAS LCD TV의 펫네임 브랜드 퀴담은 기술과 예술이 결합된 세계 최고의 디스플레이 기술을 암시한다.

그리고 최근 LG그룹의 '생활이 예술이 된다는 것' 시리즈 광고는 기업과 제품의 이미지를 예술로 연결하여 소비자들이 보다 쉽게 접근할 수 있게 함으로써 사회 전체의 예술적 감성과 브랜드 가치를 높이고 있다.

이처럼 브랜드가 점점 한 가지 분야에 국한되지 않고 다양한 방식과 매체를 통해 새로운 아이덴티티를 표현하고, 타 장르와의 접목을 시도하는 경우를 자주 발견하게 된다. 이러한 크로스오버는 문화 전반을 이해하는 중요한 코드로 부상하고 있다. 이런 브랜드들의 내면을 보면, 단순히 문화와 영역에 대한 이분법적인 관점이 아닌 창조적인 관점에서 융합과 통합의 메시지를 전달한다. 크로스오버는 문화의 변화를 이끌고 끊임없이 새로운 영역으로의 도전과 영역확장을 계속해 나갈 것이다.

크로스오버 브랜드를 만드는 법칙

크로스오버 브랜딩 전략으로 성공한 브랜드들을 보면, 몇 가지 법칙을 발견할 수 있다.

첫째, 친근함과 새로움을 동시에 전달한다. 크로스오버는 이미 존재하는 것들을 바탕으로 새로움을 창출하는 것이므로 기존의 것에 익숙해져 있는 소비자들에게 너무 큰 거리감을 주어서는 안되고, 기존에 가진 정체성 위에 새로운 흥미를 유발함으로써 호기심을 자극해야 한다.

둘째, 상호보완의 시너지를 만들어낸다. 서로 다른 것들이 각자의 고유한 정체성을 유지하는 가운데 결합함으로써 새로움을 만들어내고, 서로의 이미지를 보완하는 더 큰 컨셉과 개념을 표현한다. 교차와 교감을 통해 시너지를 극대화하는 것이 바로 크로스오버 브랜드의 주요 목표이다.

PART 5

Logic
논리로
소비자를
사로잡는다

Trend 25 국가 이미지 브랜딩
국가 이미지가 주는 강한 논리로 무장한다

Trend 26 암호 브랜딩
암호를 풀면 또 다른 메시지가 있다

Trend 27 상대적 브랜딩
후발주자의 성공 전략

Trend 28 중간재 브랜딩
브랜드 속에 브랜드 있다

Trend 29 서술적 브랜딩
친절한 설명, 길어지는 브랜드

Trend 30 기호 브랜딩
단순한 기호로 풍부한 효과를 노린다

PART 5
Logic

감성 브랜딩의 시대라고 한다. 스토리로, 감각을 자극하는 방법으로, 또 문화 코드를 활용해 고객에게 보다 감성적으로 다가가려는 브랜드가 대세를 이루고 있다. 그러나 감성은 결국 호불호(好不好)의 문제다. 필!이 통하면 좋고 아니어도 할 말 없다.

여기서는 강하고 잘 짜여진 논리로 고객에게 다가가는 브랜드를 소개한다. 이들은 설명할 길 없는 호불호의 결말이 아니라, 좋아해야만 하는 이유 또는 선택해야만 하는 근거를 빈틈없이 마련하고 설득하는 경우다. 표면적으로는 감성적, 감각적으로 보일지라도 말이다.

브랜드는 국경이 없다. 하지만 글로벌 시대에 오히려 특정 국가의 색채를 노골적으로 드러내는 브랜드들이 있다. 이른바 국가 이미지를 활용하는 경우다. 독일 브랜드 같은 토종 한국 기업 '하츠'나 러시아 브랜드 같은 뉴질랜드 맥주 'KGB'가 그것이다. 이들은 고객의 머릿속에 있는 논리, 가령 '보드카=러시아'라는 공식을 활용하는 전략이다.

스스로 암호를 걸어놓고 고객이 해독해주기를 바라는 브랜드도 있는데, 인텔의 VIIV, 휘발유 브랜드 ZIC, FEDEX처럼 말이다. 이들은 논리적으로 고객을 설득하기보다는 고객과 재미있는 머리싸움을 벌이는 것처럼 보인다. 선발주자라고 해서 무조건 유리한 것은 아니다. 후발주자가 선발주자를 지렛대로 삼을 수 있기 때문이다. 상대적 브랜딩은 똑똑한 후발주자들이 선발주자를 이용해 자신을 효과적으로 파는 논리에 대해 이야기한다. 한편 제품의 소재나 기술을 브랜딩하는 사례가 늘고 있다. 제품의 중요한 기술에 브랜드를 붙여 놓으면 그 제품을 사야만 하는 또 다른 근거가 될 수 있다.

'2% 부족할 때', '햇살 담은 조림간장' 같은 서술적 브랜드들이 등장했을 때 그 형식만으로도 파격적이었다. 그러나 지금은 하나의 트렌드로 자리 잡아 웬만큼 길지 않고서는 명함도 못 내민다. '소비자가 잘 기억할 수 있도록 짧고 발음하기 쉬워야 한다'는 상식에 정면으로 도전하는 긴 브랜드들이 등장하고 있는 것이다. 기호를 활용하는 트렌드도 빼놓을 수 없다. 기호는 논리의 결정체라고 할 수 있다. 기호만으로 완성되는 학문인 수학이 있다는 사실을 떠올려보라. 기호를 브랜드에 활용하는 것은 긴 메시지를 함축적으로 전달할 수 있을 뿐 아니라, 그 조형성으로 인해 시각적인 임팩트를 더하게 된다.

TREND 25 국가 이미지 브랜딩

국가 이미지가 주는
강한 논리로 무장한다

"대학생 A는 작년에 졸업한 동아리 선배 B와 저녁 약속을 했다. 약속 장소는 패밀리 레스토랑인 '아웃백 스테이크 하우스.' 선배 덕으로 간만에 고기 좀 썰어볼 심산이다. 메뉴가 나오고 허기도 진정될 즈음에 캥거루, 부메랑, 코알라가 총 동원된 인테리어가 눈에 들어온다. 작년에 어학 연수로 두 달간 머물렀던 호주의 대자연이 머릿속에 어른거린다. 2차는 전세계 병맥주를 파는 맥주전문점에 갔고, 보드카가 들어있는 리큐르인 'KGB'를 주문했다. 맛과 향이 좋아 요즘 자주 마시게 된다. 선배 B는 모스크바에서 마셨던 보드카에 대해 이야기하며 배낭여행의 추억을 꺼내 놓기 시작한다."

위 이야기 속의 대학생 A와 선배 B는 스테이크를 먹으며, 또 보드카 리큐르를 마시며 특정한 국가를 떠올리게 되었다. 하지만 그들이 즐긴 그 브랜드 제품들이 실제로 그들이 떠올린 국가에서 나온 것일까? 정답은 X 이다.

'아웃백 스테이크 하우스'는 호주 대자연을 컨셉으로 하여 1988년에 문을 연 미국의 레스토랑이다. 인테리어 컨셉도 호주의 이미지 구현에 포

미국의 레스토랑 아웃백스테이크(좌), 뉴질랜드산 맥주 KGB(우)

커스를 맞추고, 아웃백 Outback 이라는 의미도 호주에서 '오지'를 의미한다.

'KGB'는 러시아산이 아닌 뉴질랜드산이다. 브랜드 네임은 국내 수입업자가 러시아의 이미지를 드러내기 위해 붙였다고 한다. 누가 보더라도 구소련의 국가안보위원회 KGB 가 먼저 떠오르는 이름이다.

두 브랜드의 백그라운드를 알게 되면 약간의 배신감을 느끼는 이들도 있을지 모른다. 하지만 원산지나 특정한 국가 이미지를 적극적으로 차용하는 브랜드 마케팅 기법은 이미 우리 생활 곳곳에서 쉽게 발견된다. 하지만 최근에는 단순히 특정 국가의 대표 이미지를 차용하는 것만을 국가 이미지를 활용한 브랜딩이라고 보지 않는다. 그보다는 필요에 따라 적절히 활용하고 혹은 용기 있게 피해가거나, 아니면 지혜롭게 재창조하는 경우를 포함한다. 사례를 통해 국가 이미지가 브랜딩에 어떻게 적용이 되고 영향을 미치는지 알아보자.

고정된 국가 이미지 차용하기

고정된 국가 이미지는 주로 원산지나 해당 국가의 지리적 특성, 문화적 특성에 기인하는 경우가 많다. 흔히 프랑스의 고급스러움이나 스타일리쉬한 이미지가 패션 브랜드에, 이탈리아의 전통적인 이미지가 가구 브랜드에, 독일의 실용적이고 견고한 기술 이미지가 공구 브랜드에, 스위스의 정밀하고 정교한 기술 이미지가 시계 브랜드에 바로 적용되는 사례들을 흔히 볼 수 있다.

주로 이런 경우 브랜드 네이밍 단계에서부터 해당 국가의 언어를 통해 국가 이미지를 차용하는 경우가 대부분이다. 국내에서 후드나 주택환기시스템 설비를 생산하던 한강상사는 브랜드와 사명을 일관되게 하츠 HAATZ로 리네이밍하였다. 'Human, Art and Techno Zone'의 두음을 딴 하츠라는 새로운 브랜드는 독일식의 발음으로 유럽의 이미지를 강하게 드러내었고, 과거 한강상사 시절의 다소 촌스러운 이미지를 쉽게 벗어낼 수 있는 기회가 되었다.

 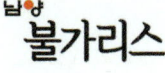 

지명이나 인명을 통한 국가 이미지의 차용 – 로만슨, 불가리스, 보루네오, KGB, 키친바흐
어감을 통한 국가 이미지의 차용 – 하츠, 하겐다즈, 트롬

드럼세탁기 트롬 역시 독일의 강하고 견고한 기술 이미지를 노렸다. 드럼을 뜻하는 독일어 'Trommel'을 변형한 명칭으로, '정통 유럽형 세탁기'라는 제품 컨셉을 독일의 국가이미지를 통해 전달하고 있다. 더불어 카테고리 지칭어(드럼 세탁기)를 명칭화하면서 '드럼세탁기=트롬'이라는 대표성을 노렸다.

프리미엄 아이스크림 하겐다즈는 유럽 이미지를 차용한 경우다. a가 중복된 모양, a 위의 움라우트, z와 s가 이어지는 패턴 등을 보면, 독일어나 스웨덴어로 짐작되지만 사실 유럽 그 어느 나라의 말도 아니다. 하겐다즈는 미국 태생의 브랜드로 1961년 브랜드 런칭 당시 유럽풍 네이밍이 유행이었기 때문에, 미국인이 보기에 외국어처럼 느껴지도록 지어낸 말이다. 국가 이미지를 활용하기 위해 의미와 논리를 과감하게 포기한 극단적 사례라 할 수 있다.

허츠, 트롬, 하겐다즈는 특정 국가 또는 지역의 이미지를 얻기 위해 그 지역 언어를 활용했다. 그러나 아예 지역 명칭을 그대로 가져오는 경우도 있다. 로만손, 보루네오, 불가리스가 그렇다. 우리나라 토종 브랜드 로만손은 시계로 유명한 스위스의 한 지방 이름인 Romanshorn을 약간 변형했으며, 발효유 브랜드 불가리스는 장수의 나라, 요구르트의 나라로 유명한 불가리아에서 온 것이다. 보르네오는 목재 생산지로 유명한 섬 이름을 그대로 차용했다. 또 지역 명칭은 아니지만 한샘의 부엌가구 키친바흐, 보드카 리큐르 KGB처럼 상징물을 활용해 특정 국가를 연상시키는 경우도 있다.

국가 이미지를 뛰어넘는 현지화

지금까지는 특정 국가의 이미지를 브랜딩에 활용한 사례를 보았다면, 이와 반대로 특정 국가의 이미지를 역으로 가리거나 희석시키는 브랜딩 사례도 확인할 수 있다.

대표적인 사례로 스타벅스의 현지화를 들 수 있다. 이미 유럽 진출을 시도하면서 유럽의 전통적인 커피문화와 미국의 테이크아웃 커피문화 사이의 충돌을 경험하면서 현지화의 필요성을 깨달은 스타벅스는 국내에 진출하면서도 유연한 브랜딩의 좋은 사례를 보여주고 있다.

인사동이라는 특별한 장소는 피해가도 될 텐데, 굳이 입점하여 인사동의 특성과 잘 어우러지는 매장 인테리어와 메뉴, 그리고 무엇보다도 세계 유일의 한글 간판을 적용한 것은 유연한 현지화에 대한 스타벅스의 의지라 할 수 있다. 이러한 선택에 의해, 인사동의 스타벅스는 도리어 소비자들에게 인상적이고 특별한 브랜드 이미지를 심는 데 성공할 수 있었다.

이는 스타벅스가 가진 미국 문화의 이미지를 가리는 동시에 어떤 측면

국가 이미지의 부정적 영향을 줄이기 위해 한국적 요소를 가미한 인사동 스타벅스

에서는 인사동이라는 장소 브랜드$^{Place\ Brand}$에 국가 이미지를 잘 접목시킨 응용사례라 볼 수 있다. 적극적인 현지화가 효과를 거둔 것이다.

국가 이미지는 때론 지렛대 역할을 하지만, 글로벌 브랜드의 경우 뜻하지 않는 역풍을 맞을 수도 있다. 브랜드가 가진 국가 이미지가 현지 문화와 충돌할 때는 현명하게 대처하는 것이 중요하다. 국가 이미지의 덫에서 벗어나 그것을 역으로 이용하는 발상의 전환이 필요하다.

새로운 국가 이미지를 창조하는 브랜드

'와인' 하면 생각나는 국가는 프랑스이다. 그래서 프랑스산이 아닌 타국 브랜드라 할지라도 모두 프랑스의 국가 이미지로 자신의 제품과 브랜드를 꾸미고 싶어한다. 하지만 국가 이미지의 새로운 포인트를 찾아 자신의 강점으로 삼은 케이스도 있다. 바로 호주 와인 옐로우테일$^{Yellow\ Tail}$이다.

호주는 몇 년 전만해도 와인의 이미지와 잘 매칭되지 않는 국가였다. 하지만 지금 옐로우테일은 미국 시장 내 단일브랜드 최고 판매량을 기록하는 와인이자, 전세계에서 가장 빠른 시간 내에 성장한 와인이라는 성공 스토리를 써나가고 있다.

옐로우테일은 여느 와인과는 달리 영어로 심플한 명칭을 가지고 있다. 어떤 고급스러움도 추구하지 않고 그저 호주라는 국가를 전면에 내세우고 있다. 라벨에서 바로 눈에 들어오는 것은 호주에서 가장 예쁜 캥거루 옐로우테일이다. 와인과 잘 연상이 닿지 않는 호주라는 국가를 이 브랜드가 잘 활용할 수 있었던 단초는 이 브랜드의 슬로건에서 확인할 수 있다.

호주의 새로운 국가 이미지를 형성하고 있는 와인 브랜드, 옐로우테일

'위대한 땅, 호주의 진수 The essence of a great land, Australia'

결국 풍요로운 자연과 땅을 가진 호주를 포인트로 잡은 것이다. 잘 알고 있듯이 와인의 맛과 품질은 그 지역의 땅과 날씨, 즉 자연환경과 밀접한 관계를 맺고 있다. 옐로우테일은 와인의 정통성이 아닌 자연환경을 새로운 포인트로 삼아 호주의 국가 이미지를 활용한 것이다. 한편 옐로우테일은 호주에 '와인' 이미지를 가져다 주었다. 삼성이나 LG가 글로벌 브랜드로 성장하면서 가난한 분단국가로 인식되던 한국에 전자제품 강국, IT강국이라는 새로운 이미지를 가져다 준 것처럼 말이다.

국가 이미지, 국가가 소유한 브랜드 자산

2007년 말부터 협상에 들어간 한국-유럽연합 자유무역협정FTA의 '뜨거운 감자' 중 하나는 바로 '지리적 표시제geographic indication'였다. 특허권, 의

장권, 상표권과 함께 지리적 표시가 지적재산권의 하나로 인정받기 시작하면서 오랜 역사로 인해 세계적인 특산품을 다수 보유한 유럽 국가들이 FTA 협상을 계기로 우리나라에도 지명표시제를 강하게 요구한 것이다.

이제는 카테고리를 지칭하게 된 지리적 표시들, 스코치 위스키, 상파뉴, 코냑, 까망베르 치즈, 다르질링 홍차, 켄터키 등을 그곳에서 생산된 제품에만 쓰게 될 확률이 높다. 이들 지명 자체가 해당 국가의 자산이라는 인식이 세계적으로 형성되고 있기 때문이다. 실제로 지명이 표시된 제품과 그렇지 않은 제품은 시장에서 가격이 달라지게 되기 때문에 '자산'이라는 주장은 더욱더 힘을 얻게 된다.

이러한 지리적 표시 협상은 국가 이미지의 위력을 극명하게 보여준다. 특정 국가의 지명을 브랜드로 활용하고 있는 기업들은 타격이 있을 수 있다. 하지만 특정 국가의 이미지 자산을 '공짜로' 차용할 수 있는 방법은 많다. 그리고 이를 현명하게 활용하는 것이 바로 브랜드 전략이다. 또 반대로 한국의 국가 이미지를 키워나가야 한다는 국가적 과제도 생각해봐야 할 것이다. 국가 이미지를 등에 업고 세계로 뻗어가는 브랜드들이 얼마나 많은가! 한국의 글로벌 브랜드들에게 '한국산'이라는 정보가 마이너스가 아닌 확실한 플러스가 될 수 있도록 말이다.

TREND 26 암호 브랜딩

암호를 풀면
또 다른 메시지가 있다

　트렌드에 민감한 소비자들을 브랜드에 집중시키는 가장 좋은 방법은 바로 그들의 호기심을 자극하는 것이다. 한 번 보기만 해도, 듣기만 해도 바로 알 수 있는 브랜드들은 더 이상 매력적이지 않다. 수많은 매체에 노출시켜 소위 말하는 광고효과로 브랜드네임이나 이미지를 주입시키는 방법도 브랜드를 알리는 데 효과적이지만, 그 보다 더 좋은 방법은 소비자들에게 '이게 뭐지?' 하는 호기심을 불러일으켜 그들로 하여금 생각하게 만드는 것이다.

　신비스러운 컨셉 전략으로 중성적인 매력의 소녀모델을 내세운 TTL이나 T22N 등도 10대 타깃을 겨냥한 암호화 전략으로 과거 큰 인기를 끌었다. 당시 TTL은 암호 같은 이니셜과 커뮤니케이션 전략으로 소비자들의 호기심을 자극했고, 향후 'Time to Love', 'The Twenty's Life' 등의 광고 카피로 브랜드를 이해시켰다. 브랜드 런칭 때부터 소비자들을 이해시키기 위해 TTL을 설명해주는 전략으로 나갔다면 아마 TTL은 그렇게 큰 관심을 이끌어내지 못했을 것이다. 암호 같은 공식을 브랜드 안에 숨겨놓고, 숨바꼭질하듯 '찾아보라'는 식의 전략이 개성을 중시하고 트렌드에 적극적인 소비자들을 자극했던 것이다.

이렇듯 암호화 전략은 '당신이 상상하는 그것'이 아닌, '당신이 상상할 수 없는 그 무엇'으로 새로운 정보를 창출해내는 것으로, 짧은 시간 내에 브랜드를 알리는 데 매우 효과적이다.

최근에는 단순한 약어 표현이나 이미지 조합을 벗어나 공식이 숨어있는 브랜드들이 속속 등장하고 있다. 과거의 암호 브랜드보다 한 단계 업그레이드된 형태로 퍼즐을 풀 듯 브랜드를 풀어나가는 형태가 보여진다. 브랜드 속에 제품의 기술, 가치, 이미지, 정보 등을 독특한 형태로 녹여낸 '암호 속 또 다른 암호'가 바로 그것이다.

암호를 풀면 또 다른 메시지가 보인다

'브랜드를 본다'와 '브랜드를 읽는다'는 언뜻 비슷해 보이지만 이 둘 사이에는 분명 차이가 있다. 하나는 브랜드의 상징성을 디자인 자체에서 묻어 나오도록 해 소비자가 브랜드를 보는 것만으로도 이미지를 형상화할 수 있도록 하는 것이고, 다른 하나는 언어 자체의 의미만으로 쉬운 이해가 가능하게 한 것이다.

대부분의 브랜드들이 이 둘 중 하나의 전략을 표방하고 있는 데 반해, 둘 모두를 동시에 표현해내는 전략으로 소비자들의 이목을 집중시키는 브랜드가 최근 등장하고 있다. 제품의 속성과 특징을 암호 같은 숫자로 표현하고, 그것을 다시 언어화하는 전환 작업으로 이 같은 효과를 나타내는 브랜드가 바로 그것이다. 예를 살펴보자.

VIIV는 VI(6)과 IV(4)의 조합으로 인텔의 새로운 기술력(64비트 확장

해독이 필요한 브랜드들 - Intel VIIV , 종합 가구 인테리어 iloom, SK에너지 ZIC

메모리)의 키워드인 '64'를 로마 숫자로 표현한 새로운 브랜드이다. 로마 숫자상의 알파벳과 똑같은 V, I, X 문자를 활용하여 독음讀音이 가능토록 한 이러한 형태는 부드러운 발음에서 오는 화제성과 VIIV만의 기술력을 녹여낸 브랜드로 주목받고 있다.

종합 가구 인테리어 브랜드인 iloom일룸은 우리가 흔히 말하는 one room의 one을 숫자 1로 변형시켜 영문화한 것으로, 사명이자 대표 브랜드로 활용하고 있다. Room이라는 속성표현을 사용하여 소비자들에게 쉽게 '가구 브랜드'임을 인지하도록 하면서도, one = 1이라는 단순 전환 표현을 사용함으로써 의미와 이미지를 동시에 담아냈다. iloom은 어감에서 오는 세련미까지 고려하여 성공적인 브랜드로 자리 잡았다.

SK 에너지의 윤활유 브랜드 ZIC는 간략한 알파벳으로 인지가 쉽고 임팩트 있는 어감으로 강인한 이미지를 담고 있다. 이 브랜드는 한 단어(자연어) 혹은 의성어 같은 표현전략으로 윤활유 시장에 센세이션을 일으키고 있다. 하지만 자세히 들여다보면 이 안에 ZIC가 전달하고자 하는 브랜드 아이덴티티가 고스란히 담겨있다. ZI = 21, C = Century, 즉 '21세기형 엔진오일'이라는 모토가 바로 그것이다. '지크'로 커뮤니케이션하면서도 그 속에 '첨단' 이미지인 '21C'를 담아 브랜드로서의 화제성과 그 가치를 동시에 부각시키는 윈윈 전략으로 명실상부 No.1 브랜드로 자리잡았다.

이렇듯 숫자를 이용한 브랜드의 구두^{verbal} 전환은 단순한 어근 조합이나 이니셜 패턴과는 다른 형태이다. 그것은 숨겨진 듯하면서도 간결하고 특징 있게 브랜드네임을 표현하는 방법으로, 소비자들의 이목을 집중시키며 하나의 트렌드가 되고 있다.

상징적인 이미지로 각인시킨다

학창시절, 친구와 나만이 알 수 있을 듯한 암호를 만들어 그 안에서 소통하길 좋아했다. 그것은 대부분 알 수 없는 기호들을 잔뜩 나열해놓은, 어찌 보면 어지럽기까지 한 우리만의 문자들이었지만 나름대로의 규칙이 있어 해독 가능한 것들이었다.

i25 = i = U 느낌이 오는 아이는 바로 너

얼핏 외계어 같은 이런 문자들이 사회에 통용되면서 문화 아이콘으로 떠오르기 시작했다. 기업에서도 이러한 트렌드에 발맞춰 얼핏 보면 그 의미를 알 수 없는 상징적인 문자들을 활용하기 시작했다.

홍콩 휴대폰 제조업체인 Dopod은 브랜드 자체의 의미보다 로고 디자인에 이러한 장치를 숨겨놓고 '아~' 하는 감탄을 자아내게 할 만큼 브랜드를 독특하게 표현하는 기업들 중의 하나이다. Dopod의 로고라는 설명 없이 브랜드를 접해본 소비자라면 제대로 '암호' 같은 이 브랜드에 시선

Dopod 로고(좌), Fedex 로고(우)

을 뗄 수 없었을 것이다. 얼핏 보면 귀엽기까지 한 Dopod 로고는 원과 점을 이용하여 d와 p의 또 다른 상징 문자를 만들어내며 독특하게 커뮤니케이션하고 있다.

또 다른 예로, 국제운송기업 페덱스Fedex 를 살펴보자. 원래 사명이었던 Federal Express를 버리고 미국 연방Federal에만 국한되지 않은, 국제적으로 뻗어나가는 기업이 되겠다는 의지를 담아 개칭한 이 브랜드는 단순한 약어 형태처럼 보이지만, 그 디자인 안에 Express라는 특징이 고스란히 담겨있다. E와 X 사이의 화살표가 바로 그것이다. 화살표의 의미를 굳이 설명하지 않아도, 운송 기업이 전달하고자 하는 '빠른', '정확한' 등의 가치를 고객들은 그 디자인 하나만으로도 무의식 중에 공감한다. 이렇듯 페덱스는 참신한 디자인에 기업의 아이덴티티, 가치, 미션을 담아 고객들에게 성공적으로 어필하면서 그 트렌드를 리드하고 있다.

숫자 속에 답이 있다! 비밀번호 같은 숫자 브랜드

암호 브랜드를 언급하면서 숫자 브랜드를 빼놓고 얘기할 수 없을 정도로 숫자가 주는 영향력은 대단하다. 숫자는 정량을 표현하고, 효과를 시

KT&G의 The one 0.5(위), 남양유업의 17茶(아래)

각화하는 데 최고의 기호로 널리 이용되고 있다.

특허청에 따르면, 1996년까지 200건에 불과하던 숫자 브랜드 수가 1999년 이후 매년 100건씩 증가하고 있다고 한다. 덴탈 클리닉 2080, 비타500 등의 브랜드가 시장점유율 1위를 달리며 큰 성공을 거두자 기업들이 하나같이 숫자를 이용한 브랜드를 출시하기 시작했다. 많은 설명 없이 브랜드가 담아야 하는 정보를 짧고 명확하게 표현하고 있는 숫자 브랜드는 소비자의 입맛에 맞춰 며칠, 몇 가지 등의 정량화된 정보를 암호처럼 담아놓고 있다.

최근에는 니코틴 함량을 0.5까지 낮춘 'The One 0.5', 17가지 원료를 한 병에 담은 '17차', 청소년들이 바라는 가장 이상적인 키가 남자 187cm, 여자 168cm라는 점에 착안한 '187168' 음료, 8가지 좋은 원료로 8등신 몸매와 평균 신장 180cm 시대를 만들겠다는 '내 몸에 플러스 888' 스낵, 808번째 실험 끝에 제품화에 성공했다는 사연으로 화제가 되었던 숙취해소 음료 '여명 808', 40가지 수 중에 6가지만 맞추면 행운이 찾아온다는 '로또 46' 등 숫자를 암호처럼 표현해 놓은 브랜드가 잇따라 출시되고 있다.

숫자는 단순해 보이지만, 명확함과 신뢰감, 호기심을 불러일으킨다. 이러한 특성을 이용한 숫자 마케팅은 특히 개성이 강하면서도 감성적인 신세대들에게 크게 어필하고 있다.

새로운 욕구를 충족시키고 임팩트는 강하게

지금까지 각기 다른 형태를 띠고 있는 암호 브랜드의 대표적인 사례를 살펴보았다. 이 같은 트렌드는 빠른 템포의 시대 흐름과 셀 수 없을 만큼 많은 브랜드의 등장, 방대한 정보 속에서 스스로를 차별화하려는 브랜드들의 욕구로 인해 형성되었다.

물론, 브랜드를 암호화한다고 해서 반드시 성공한다는 보장이 있는 것은 아니다. 다만, '숨겨진' 이미지를 선택해 단계적으로 브랜드를 드러내는 전략은 분명 신선하다. 온라인에서 프로필 대신 ID로 자신을 감추고 블로그나 미니홈피를 통해 사람들의 관심을 불러일으킨 후 오프라인에서 자신의 본 모습을 드러내는 사회적 트렌드와 맞물려 이러한 전략이 최근 주목받고 있다.

소비자들이 원하는 부분을 집어내어 그들과의 두뇌 싸움을 통해 소통하는 암호 브랜딩은 늘 새로운 것을 추구하는 소비자들이 존재하는 한 매번 업그레이드된 형태로 등장할 것이다.

TREND 27 상대적 브랜딩

후발주자의 성공 전략

시장에는 언제나 선발주자와 후발주자가 존재한다. 어떤 상황에서도 동시 출발이란 존재하지 않는다. 아주 미미한 차이일지라도 반드시 먼저 시장에 발을 내미는 이와 그 길에 나중에 서는 자가 존재한다.

대체로 선발주자는 여러 가지 선도자로서의 혜택을 취할 수 있는 것으로 알려져 있다. 우선 시장에서 소비자들의 인식을 선점함으로써 후발주자들의 진입장벽을 만들고, 대표성을 획득하는 커뮤니케이션상의 이점을 얻을 수 있다. 게다가 커뮤니케이션의 시간이 상대적으로 길기 때문에 소비자들에게 그 브랜드에 대한 더 많은 경험의 기회를 제공한다.

하지만 먼저 도착한 자가 반드시 승자가 되는 것은 아니다. 브랜딩이라는 전쟁터에서도 마찬가지이다. 후발주자 역시 시장에 형성되어 있는 상대성을 잘 이용하면 의외로 효과적인 브랜딩이 가능하다. 그 몇 가지 사례를 확인해보자.

다른 관점에서 시작한다

지구의 공전 속도는 시속 107,160km이다. 또한 태양계의 우리 은하 공전 속도는 시속 792,000km이며, 다시 우리 은하가 속해 있는 국부 은하군은 시속 900,000km로 공전한다. 우리는 단지 지구 위에 서 있을 뿐임에도 무려 초속 500km의 속도로 우주를 이동하고 있는 것이다. 게다가 우리는 스스로 걷거나 뜀으로써 그 속도에 우리의 속도를 더할 수도 있다. 우리는 지구라는 행성에 무임승차해 있는 것이다.

마케팅에도 소위 무임승차 효과$^{Free\ Rider\ Effect}$라는 것이 있다. 선발주자가 개척해놓은 시장에서 후발주자가 적은 비용과 노력으로 이미 형성된 이익을 공유하는 것이다. 선발주자의 선점우위 효과$^{First\ Mover\ Advantage}$에 대응하여 후발주자에게도 기회가 존재한다는 얘기다. 선발주자의 진입장벽에 막혀 2인자에 머무를 수도 있지만, 효과적으로 대응하면 경쟁의 우위를 점할 수도 있다.

코카콜라와 펩시콜라가 경쟁적으로 연이어 출시한 無칼로리 콜라 제품의 마케팅 과정은 이와 관련하여 매우 흥미로운 사례이다. 특히 브랜드 네이밍 관점에서 펩시콜라의 효과적인 전략을 확인할 수 있다.

무설탕 무칼로리에 콜라 특유의 맛과 향을 유지한다는 제품 컨셉으로 국내 시장에 먼저 출시된 것은 '코카콜라 제로$^{Coca\text{-}Cola\ Zero}$'이다. 브랜드네임에서 알 수 있듯이 '없음^{無}'을 강조하고 있다. 물론 '상쾌함이 그대로'라는 메시지를 여전히 전달하고는 있지만, 명칭상에서는 기존의 콜라와 다르게 설탕과 칼로리가 제로라는 것을 핵심으로 삼은 것이다.

이에 반해 바로 이어서 출시된 펩시의 무설탕 무칼로리 제품의 브랜드

상쾌함은 그대로, 설탕과 칼로리는 제로
(Attribute)

설탕 없이도 좋은 맛
(Benefit)

후발주자는 선발주자가 만들어놓은 토대 위에서 출발할 수 있다.

  네임은 '펩시 맥스$^{Pepsi\ Max}$'이다. 뜬금없이 맥스라니! 제품의 속성을 생각한다면 미니멈^{Minimum}이 맞는 것이 아닐까? 무설탕에 무칼로리에, 그야말로 '없다(無)'는 것이 핵심이 되는 제품에 'Free'나 'No'가 아닌 'Max$^{최대,\ 최고}$'란 이름을 붙여놓다니 그야말로 넌센스다. 하지만 같은 시장 내에 이미 코카콜라 제로가 있다면 얘기는 달라진다. 넌센스가 재치 있는 센스로 바뀌는 것이다.

  사실 먼저 제품을 출시한 코카콜라의 입장에서는 새로운 제품의 속성이 시장 내에서 소비자들에게 잘 인식되는 것이 무엇보다 중요하다. 그리고 그 속성이라는 것이 바로 무설탕에 무칼로리라는 점이다. 이는 기존의 콜라제품과 매우 차별화되는 요소이며, 게다가 코카콜라 라이트와 혼동되지 않고 명확히 구분되어야 할 필요성이 있기에 명칭상에서 '전혀 없다'는 점을 강조하는 것은 당연하다. '코카콜라 제로'는 이를 잘 드러내고 있다.

  하지만 펩시콜라의 입장에선 일단 제품의 속성에 대한 설명의 부담이 사라졌다. 이미 코카콜라가 그런 제품(무설탕, 무칼로리)이 세상에 존재함을 충분히 소비자들에게 전달해주었기 때문이다. 그렇다면 펩시콜라는 명칭에 있어 또다시 '없다'라는 것을 강조하며 그 자리에 머무를 필요는 없다. 차라리 그 다음 이야기를 하는 것이 후발주자의 이득을 얻는 방법이다. 그래서 펩시콜라는 '없다'가 아닌 '없음에도 불구하고 맛이 최고 ^{Max}'라고 말하는 것이다.

펩시는 시장에서의 상대성^{Relativity}을 잘 이용하여 코카콜라가 이미 다 다른 곳에서 출발하였다. 같은 것을 반복해서 한 번 더 얘기하면 단순한 Me Too일 뿐이지만, 같은 것을 약간 다른 관점에서 어필한다면 그것은 차별화된 무기가 될 수 있다.

이러한 관점 비틀기는 때론 소비자들에게 더욱 매력적인 메시지를 전달하기도 한다. 과거 '알카리성 이온음료'임을 강조하던 포카리스웨트에 대항하여 '갈증 해소'라는 효익을 주된 포인트로 커뮤니케이션 활동을 펼친 게토레이를 비근한 예로 볼 수 있다.

선발주자의 자산을 공유한다

다음은 2007년 12월 기능이 강화된 웹 편집기인 파워에디터$^{Power\ Editor}$를 소개하였다. 그러자 NHN이 발끈했다. 네이버에서 불과 몇 개월 전에 런칭한 웹 편집기인 스마트에디터$^{Smart\ Editor}$와 기능과 컨셉이 유사하다는 이유에서이다. 자동저장, 멀티미디어, DB첨부 등의 핵심 기능뿐 아니라. 실제 서비스 브랜드의 명칭과 로고타입까지 비슷하다는 것이 네이버의 주장이다. 물론 이에 대해서 다음 측은 표절 논란에 반발하며, 편의성을

다음이 고객에게 인식시켜놓은 '카페'를 그대로 차용한 네이버 카페

목적으로 개발이 진행되면 당연히 비슷한 기능들로 모아질 수 밖에 없다고 말한다. 사실 이러한 논쟁은 처음이 아니었다.

2004년에는 이보다 심각한 신경전이 펼쳐졌는데, 바로 인터넷 커뮤니티 서비스인 '카페'라는 상표 사용에 대한 문제였다. 이 문제는 법정소송으로까지 번지며 서로간의 논란이 커진 사례이다. 당시 다음은 자사의 브랜드를 네이버가 도용했다고 비난하고 이를 막기 위해 법적 대응을 진행하였다.

실제로 다음은 99년 인터넷 커뮤니티 서비스를 시작하며 '카페'라는 브랜드네임을 사용해왔다. 무료 메일 이후의 킬러 서비스로 육성해왔고 어느덧 국내 인터넷 커뮤니티의 대명사로 성장한 상태였다. 이에 네이버는 '카페'라는 명칭이 이미 일반 인터넷 사용자들에게는 커뮤니티를 의미하는 고유명사로 사용되고 있다는 논리를 펼쳤다. 결국 상표분쟁으로 이어진 이 사건은 다음의 상표 권리 획득에 대한 뒤늦은 대응도 짚어봐야 할 문제이지만, 그보다는 왜 네이버가 논란의 와중에도 굳이 '카페'라는 브랜드네임을 사용하고자 했는지를 살펴볼 필요가 있다.

당시 다음은 "지난 5년간 가꾸고 성장시켜온 수백억 원 가치의 브랜드에 아무런 노력도 없이 무임승차"한다는 이유로 네이버를 비난했다. 여기서 눈여겨볼 대목이 바로 수백억 원의 가치와 무임승차라는 내용이다. 물론 상도나 도의적인 문제도 배제할 수는 없지만, 네이버 입장에서는 새롭게 진출하는 인터넷 커뮤니티 시장에서 선발주자가 형성해놓은 자산을 공유하는 영리한 선택이었다. 그리고 '카페'라는 브랜드는 당시 상황에서 후발주자인 네이버가 선발주자인 다음을 추월할 수 있는 하나의 발판이 되었다.

실제로 네이버는 서비스 브랜드에 대해서는 '카페'라는 명칭을 그대로 사용하지 않고 '카페iN'이라는 브랜드로 런칭을 하였다. 하지만 광고 등의 모든 커뮤니케이션에서 '카페'를 직접 언급함으로써 고객들을 환기시키고 주목시키는 노력을 기울였다.

후발주자의 기회

후발주자가 선발주자의 뒤를 쫓을 때 그저 편하게 Me Too 전략으로 일관해도 상관은 없다. 때론 그것이 훨씬 효율적이거나 시장의 크기 자체를 키우는 효과도 있다. 하지만 최종 승자가 되기를 바란다면 후발주자가 지닌 시장 내의 상대성을 브랜딩 차원에서도 충분히 활용할 필요가 있다. 그것이 진정 선발주자를 괴롭히는 방법이 될 것이다.

TREND 28 중간재 브랜딩

브랜드 속에 브랜드 있다

　브랜드가 기업의 중요한 무형자산이라는 인식이 확산됨에 따라 브랜드 경영이 새로운 경영 패러다임으로 자리를 잡아가고 있다. 미래에 대한 관심과 투자가 파워 브랜드 육성에 초점이 맞춰지면서 기업이나 제품, 서비스에만 한정하지 않고 다양한 분야에서 브랜드를 개발하고 구축하고자 하는 노력이 일어나고 있다. 특히 일반 소비자들이 지금까지는 그다지 깨닫지 못했던 '소재'나 '기술', '부품', '지역', '환경' 등까지 브랜드화되고 있다.

　이렇게 새로운 분야에서 브랜드를 육성하게 된 사회적 배경은 무엇일까? 우선 소비자는 제품의 가치를 가격으로 평가하려는 경향이 있어 고가의 제품을 가치가 있는 것으로 인식한다. 게다가 다양한 정보수집 툴을 구사하여 가격, 안전성 등의 제품 정보와 사용자 평가 등 많은 정보를 분석하여 꼼꼼하게 가치를 평가하는 소비자들이 증가했고, 예전에는 신경쓰지 않았던 제품의 소재, 기술, 부품, 산지 등 전문적인 분야에도 관심을 가지게 되었다는 것이다. 즉, 만들면 팔리던 시대에서 살 만한 가치를 논리적으로 제시하지 않으면 팔리지 않는 시대로 바뀐 것이다.

　예를 들어 LCD TV를 산다고 하더라도, 인터넷의 가격비교 검색부터

삼성전자 파브 LCD TV 보르도의 디지털 카탈로그

시작해서 사양 비교 등등 다양한 정보를 탐색하고 나서 의사결정을 한다. 실제로 삼성전자 파브의 디지털 카탈로그를 보더라도 그 속에서 10개도 넘는 기술 브랜드를 발견할 수 있다. 이러한 기술 브랜드들이 과연 소비자들에게 어떠한 영향을 미치며 효과가 있는 것일까?

   이 장에서는 제품을 구성하는 요소인 '기술'이나 '성분'을 어떻게 브랜딩하고 그러한 브랜딩을 통해 제품 브랜드에 어떻게 긍정적인 영향을 줄 수 있는 지에 대해 자세하게 다루어보고자 한다.

브랜드 속 브랜드를 어떻게 정의할 것인가?

사실 기술 브랜드란 말은 실무자들이 임의적으로 만들어낸 용어로, 정확하게 말하자면 성분 브랜드 Ingredient Brand 라고 하는 것이 맞다. 정의를 내리면 "일반 소비자가 소비하는 상품 또는 서비스에 대해 그것을 구성하는 요소로서 일정한 기능, 편익을 제공하는 물질, 수순, 구조, 기구 등에 대해서 해당 업종에서 일반적으로 사용되는 명칭과는 별도로 고유한 명칭을 부여하는 작업"을 성분 브랜딩이라 한다.

이렇게 제품의 구성 요소에 대해 고유한 명칭을 부여하는 전략적 이유는 무엇일까? 기술을 예로 들자면, 기술 특허는 경쟁 우위를 지키기 위한 유효한 수단이고 법적으로 보호 받지만 기술 혁신에 의해 쉽게 진부화될 수 있는 반면 브랜드는 그 자체로 영구적으로 사용할 수 있으며, 시대에 맞게 적절히 관리함으로써 브랜드 자산의 요소로 연결시킬 수 있기 때문이다. 또한 경쟁사가 기술은 모방할 수 있어도 브랜딩은 모방이 쉽지 않다는 이점이 있다. 따라서 기술 요소의 경쟁 우위는 기술 특허 방식과 브랜딩을 병행함으로써 더욱 효과적으로 보호될 수 있다.

조사를 해보면 대체로 식품, 생활용품 등 이른바 비내구재는 제품을 구성하는 성분을 브랜드화하는 경우가 많은 반면 전자제품, 자동차와 같은 내구재에서는 기술 자체를 브랜드화하는 경우가 많은 것을 볼 수 있다.

상위 브랜드의 가치를 높인다

TV, 냉장고, 휴대폰 같은 전자제품의 경우 특정 기술을 부각시키는 것을 종종 볼 수 있다. 이는 기술력 자체를 브랜드화하는 것으로, 궁극적으로는 상위 브랜드의 가치를 높이기 위한 것이다. 이 같은 기술 브랜딩은 자사의 기술력에 대한 인식을 제고하고 소비자들에게는 제품상의 차별

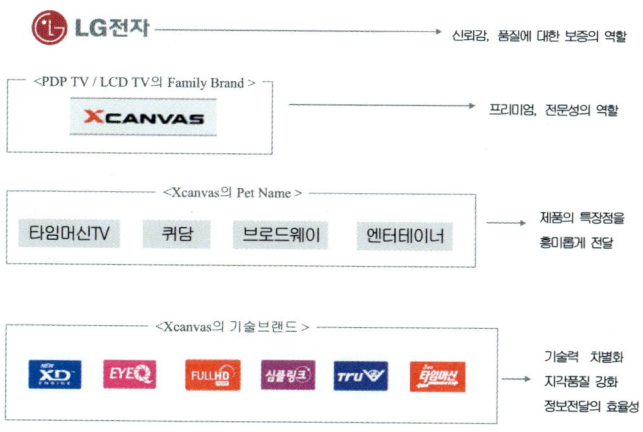

LG전자 PDP/LCD TV의 브랜드 체계

화 포인트를 알기 쉽게 전달하는 장점이 있다.
    자동차 업계에서도 친환경 기술이나 안전과 관련해서 자사만의 기술 브랜드를 많이 도입하고 있다. 혼다는 지콘이라는 충돌안전 기술 브랜드를 통해 충돌안전에 대한 기술력, 성능에 대한 우위성을 강조하고 있다. 이러한 기술 브랜딩은 기술 브랜드만이 아니라 상위의 패밀리 브랜드 내지는 기업 브랜드의 가치를 제고하는 역할을 한다.

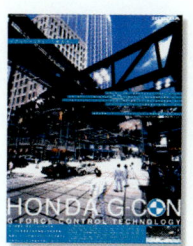

혼다의 충돌안전 기술 브랜드 지콘과 신문 광고

브랜드 속 브랜드를 자산화한다

듀퐁의 라이크라Lycra나 퀄컴Qualcomm과 같이 기술에 대한 특허권을 확보해 제휴사에 라이센싱하면서 최종 제품에 브랜드를 마킹하는 적극적인 브랜드 전략을 취하는 회사들이 있다. 이들은 자사의 소재를 제휴사에 제공하거나 공동 개발하는 형태로 최종 제품에 참여하기도 한다.

고어 사도 브랜드 속 브랜드 전략으로 유명하다. 섬유, 전자, 의료 산업 부문에서 첨단 기술력을 보유하고 있는 이 회사는 라이센스 계약을 맺은 제휴업체의 최종 제품에 자사의 브랜드를 표시하도록 하고 있다. 고어 사의 제휴 브랜드는 아웃도어의 콜롬비아, 에델바이스에서 스포츠용품의 휠라, 리복, 의류로는 마에스트로, 엘르, 빈폴, 제화의 소다, 금강에 이르기까지 매우 다양하다.

기술 또는 소재의 라이센싱을 통한 공동 브랜드 전략을 취하는 사례들

성분을 활용하여 제품 브랜드의 가치를 높인다

기능성 제품에 대한 니즈가 증가함에 따라 화장품과 생활용품 분야에서도 성분에 대한 소비자들의 관심이 높아지고 있다. 혁신적인 기술에 의해 개발된 새로운 효과와 효능을 직접적으로 소구하는 것은 약사법의 규

태평양의 미장센 펄샤이닝 샴푸 광고

제로 인해 어려운 면이 있다. 이러한 상황에서 효과와 효능에 대한 인상을 줄 수 있는 성분은 기업뿐만 아니라 소비자도 주목하는 요소이다. 태평양의 미장센 펄샤이닝 샴푸는 진주 속에 있는 단백질 에센스 성분을 추출하여 만든 제품으로 광고에서도 그 점을 중요한 소구점으로 삼고 있다.

LG생활건강도 진부화되고 있는 죽염 치약 브랜드를 재활성화하는 방안으로 하부 제품 라인업을 타깃, 효능, 성분 등에 따라 다양화하는 동시에 서브 브랜드들을 활용해 메인 브랜드인 죽염 브랜드를 보완, 강화하고 있다. 그렇게 해서 '죽염 명약원', '죽염 청신향', '죽염 은강고', '죽염 원생백'과 같은 브랜드들이 출시되었다.

죽염 명약원
동의보감의 전통비방에 나와있는 약재를 사용

죽염 청신향
젊은세대의 잇몸건강을 위해 백차성분 사용

죽염 은강고
생강 추출 원료 잔트로 풍치예방효과 탁월

죽염 원생백
치아를 원래 상태로 하얗게 해주는 건강 미백 치약

LG생활건강 죽염 브랜드의 서브 브랜드

브랜드 속 브랜딩의 효과

성분이나 기술 요소에 대한 브랜딩의 기대 효과는 다음과 같다.

첫째, 브랜드의 기본적인 정보 축약 기능 덕분에 제품의 속성과 편익에 대해 소비자들이 보다 쉽게 이해하고 정보를 처리할 수 있다.

둘째, 성분이나 기술 브랜드가 기업의 전체 제품이나 서비스와 수평적 연계가 가능해진다. 따라서 그것은 하나의 제품이 아니라 전체 제품에 적용되어 전반적인 품질을 보증하는 역할을 한다. 그리고 그렇게 함으로써 기업 브랜드 이미지를 제고할 수 있다.

셋째, 경쟁사에 대한 진입장벽을 높일 수 있다. 특허만으로는 경쟁사의 기술 모방에 대응하는 데 한계가 있으므로 기술 요소를 브랜딩함으로써 차별화된 가치를 부여하고 쉽게 모방할 수 없는 자산으로 만들 수 있다.

TREND 29 서술적 브랜딩

친절한 설명, 길어지는 브랜드

'바나나는 원래 하얗다.'

누구나 이 말을 들으면, 처음엔 '바나나는 노랗지'라고 생각할 것이다. 그러나 조금 더 생각해보면 이내 바나나 껍질은 노랗지만, 그 속은 하얗다는 사실을 알아챌 수 있다. 우리는 매일유업에게 생각지도 못했던 허(許)를 찔린 셈이다.

문장형 브랜드는 이처럼 우리의 상식을 뒤집기도 한다. 그리고 때론 제품에 관해 몰랐던 사실을 알게 해주고 기발한 재미도 선사한다. 미국 마케팅 협회에서 정의 내린 바와 같이, 우리는 통상적으로 브랜드에 대해, "소비자가 기억하기 쉽도록 짧고 발음하기 쉬워야 한다"고 생각한다. 실제로 다양한 브랜딩 프로젝트를 담당하다 보면 이는 당연한 전제 조건처럼 다가온다. 그러나 모든 일에는 언제나 예외가 존재하는 법이다. 그리고 그 예외는 최근 들어 식품 제품군에서 나타나고 있다.

말을 거는 브랜드

　학교 급식이 일반적이지 않았던 예전에는 학교에서 삼삼오오 모여 각자 싸온 다양한 반찬들을 모아놓고 점심을 먹곤 하였다. 그때 단연 인기가 있었던 반찬은 계란을 입힌 소시지였다. 그 당시의 향수 때문인지 몰라도 CJ에서 출시된 '계란을 입혀 부쳐먹으면 정말 맛있는 소시지'는 여느 소시지 제품과 달라 보인다.

　최근 들어 소시지는 맛, 요리법, 재료에 따라 그 종류가 다양해졌다. 그렇다고 해서 특별히 소시지를 구매할 때 고민되진 않는다. 늘 먹던 소시지를 먹거나 혹은 돈이 모자라면 좀더 저렴한 제품을 사기 때문이다. 분명 각 브랜드마다 맛도 다르고 요리법도 다르겠지만, 굳이 알고 싶지도 않고 알아야 할 필요도 없다는 생각이 드는 것은 일반 소비자로서 어찌 보면 당연한 듯싶다.

　많은 마케팅 저서들의 이론적 설명을 배제하고도 곰곰이 생각해보면, 우리는 식료품을 구매할 때, 특정 브랜드를 선호하기보다는 습관적인 구매행동을 하는 편이다. 별다른 생각 없이 늘 사던 대로 물건을 고르고, 때

CJ의 '계란을 입혀 부쳐먹으면 정말 맛있는 소시지'

론 눈 앞에 펼쳐진 경품 행사, 가격 할인 등과 같은 이벤트에 혹해 다른 제품을 구매하기도 한다.

그러나 생각해보자. 어느 날 늘 같은 소시지를 구매하거나, 작은 치즈 한 조각이라도 덤으로 끼워주는 소시지를 구매하던 당신 앞에 브랜드가 친절하게 '나를 계란에 부쳐먹는다면 정말 맛있어'라고 말을 걸어온다면 어떨까? 그 말이 사실이든 아니든 간에 아마도 당신은 물건을 집은 순간 접하게 된 새로운 정보(혹은 자극)에 흥미를 가지게 될 것이다. 아마 앞에서 얘기한 도시락의 추억이 있는 사람이라면 더 큰 흥미를 보일 지 모른다. 단순히 브랜드가 나에게 말을 걸어왔기 때문에 생기는 호기심일 수도 있지만, 이는 브랜드가 말하고 있는 '정보'가 남다르기 때문이다.

진실의 순간

소비자와의 접점인 15초를 잘 관리하면 기업이나 제품의 이미지가 달라질 수 있다. 스칸디나비아 항공SAS의 사장인 얀 칼슨이 밝힌 이 15초의 비밀은 서비스 품질에 관한 것이지만, 최근 들어서는 브랜드 마케팅에서도 통용되고 있다.

특히 식료품과 같이 일상적으로 소비되는 제품의 경우 그 15초의 의미는 남다르다. 소비자들이 구매에 있어 신중함을 기하는 고가의 제품군과 달리 식료품군은 각 브랜드별로 확고한 태도attitude가 형성되어 있지 않다. 언제나 다양한 자극과 정보에 따라 소비자들은 브랜드들에 대한 태도를 바꾸기 마련이다. 따라서 최종 구매가 이루어지는 순간에 펼쳐지는 마케팅 전략이 필연적으로 중요해진다. 그렇기 때문에 각 기업들은 유통점 내에서 각종 이벤트와 POP 광고물을 선보이며, 치열한 마케팅 전쟁을 벌이고 있다.

그러나 이제 마케팅에도 역발상의 시대가 오고 있다. MP3 플레이어들이 고성능과 고급화를 추구하는 가운데, 오히려 기능을 단순화하고 편의점에서 구매 가능할 정도로 저렴한 가격의 ipod shuffle을 내놓은 애플apple의 성공은 역발상 마케팅의 힘을 보여준 사례이다.

곱상한 외모로 인기를 끈 이준기 씨가 TV광고에 등장하여 여자 모델들 사이에서 피아노를 치며 노래를 부르는 '미녀는 석류를 좋아해' 광고가 2006년 큰 화제가 되었다. 사실 이 브랜드는 2005년 초 출시된 '모메존 석류'의 페이스 리프트 제품이었다. 웰빙 트렌드가 확산됨에 따라 석류 음료에 대한 시장성은 충분했으나 이미 출시된 '모메존 석류'는 판매가 부진한 상태였고, 이를 벗어나기 위해 선택한 것이 '미녀는 석류를 좋아해'였다. '2% 부족할 때'에 이어 이 제품은 소비자들에게 회자되기 쉬운 이름을 포기하고 문장형 브랜드를 선택하였다. 그리고 미인이라면 당연히 석류 음료를 섭취한다는 뉘앙스를 풍기며 자연스럽게 긴 문장 속에 타깃 소비자층인 여성들의 미美에 대한 욕구를 녹여내는 한편, 이름이 길다는 단점을 극복하기 위해 브랜드를 노래 가사로 만들었다. 또한 여자 모델이 아닌 여자보다 더 여자 같은 남자 모델 이준기를 내세워 브랜드 커뮤니케이션에 차별성을 두었다.

최근 들어 식료품 제품군에서 소비자 접점 마케팅의 일환으로 이와 같은 문장형 브랜드가 점차 증가하고 있는 추세인데, 이는 브랜드의 상표 등록이 포화 상태에 접어든 것과도 밀접한 관련이 있다. 갈수록 등록 가

롯데칠성 '미녀는 석류를 좋아해'

능한 상표 수는 적어지고 있고, 소비자의 머릿속은 이미 몇몇 메가 브랜드들에 의해 선점되어 있다. 특허청에서 집계한 2007년 5월 자료에 따르면 식료품의 상표 출원수는 1999년 이후로 꾸준히 상위권을 유지했으며, 서비스업을 제외하면 그 비중은 2006년 13.8%로 가장 높은 출원수를 보이고 있다. 따라서 상표등록은 점차 어려워질 수밖에 없다.

농심 내에서 자사 신제품의 적은 타사 제품이 아닌 신라면이라는 말처럼, 소비자의 고려 상품군evoked set에 강하게 자리 잡고 있는 브랜드가 존재하는 상황에서 신제품이 시장에서 자리 잡기는 쉽지 않은 일이 되었다. 특히 신제품의 성공적인 초기 진입을 위한 대규모 커뮤니케이션 투자가 어렵고, 그 효과가 뚜렷하지 못한 식료품군 시장에서는 이와 같은 어려움은 단순한 엄살이 아닌 듯싶다.

이에 따라 상표등록의 가능성을 높이고 기존 브랜드와의 차별점을 두기 위한 하나의 대안으로 문장형 브랜드가 등장했다고 볼 수 있다.

특별한 정보

'계란을 입혀 부쳐먹으면 정말 맛있는 소시지' 사례에서 잠깐 언급했듯이, 문장형 브랜드는 기존 브랜드와 다른 '특별한 정보'를 담고 있다. 그리고 문장형 브랜드는 '특별한 정보'를 통해 식료품군에 있어 소비자 접점 마케팅 측면에서 구매 직전에 있는 소비자에게 브랜드로 마치 한 편의 짧은 광고를 커뮤니케이션하는 것과 같은 효과를 가져다준다.

'계란을 입혀 부쳐먹으면 정말 맛있는 소시지'는 그냥 맛있는 소시지가 아니고 계란을 입혀 먹으면 특히 맛있는 소시지임을 브랜드를 통해 전달하고 있다. '미녀는 석류를 좋아해'도 미인이 되고자 하는 여성 소비자에게 꼭 필요한 석류즙이 담긴 음료임을 브랜드를 통해 나타내고 있다.

'특별한 정보'는 제품의 속성에서부터 제품 소비 상황까지 소비자에게 소구되어야 할 핵심 요소를 담고 있다. 청정원의 '햇살담은 조림간장', 리뉴얼 라이프의 '청국장이 빠띠쉐를 만나면', 해찬들의 '자글자글 끓여낸 강된장', 본젤라또의 '과수원을 통째로 얼려버린 엄마의 실수', 풀무원의 '들기름을 섞어 바삭바삭 고소하게 튀겨낸 김', 남양유업의 '몸이 가벼워지는 시간', 롯데칠성의 '2% 부족할때'와 같은 브랜드들은 조리 특성, 맛, 제품 원료 등과 같이 일반적인 제품 속성을 나타내고 있다.

이에 비해 롯데칠성의 '미녀는 석류를 좋아해', 오뚜기의 '씻어 나온 맛있는 쌀', 설록차의 '찬물에 잘 우러나는 설록차' 같은 브랜드들은 보다 세분화된 시장의 욕구^{Needs}를 반영한다. '찬물에 잘 우러나는 설록차'의 경우 기존 티백 차와는 달리 찬물에서도 잘 용해되어 여름철에 시원하게 먹을 수 있는 녹차임을 강조한다. 그리고 앞서 언급한 롯데칠성의 '미녀는

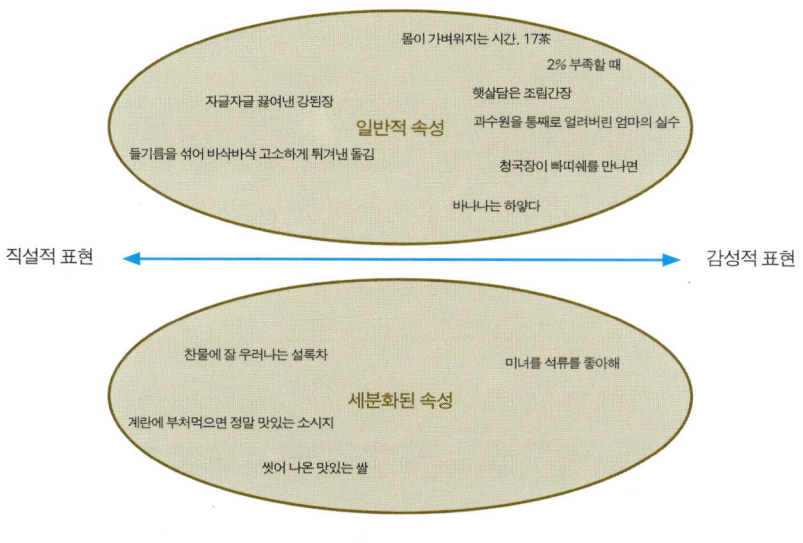

문장형 브랜드들의 내용과 표현상 분류

석류를 좋아해'와 같은 경우는 미美라는 가치를 중시하는 여성들을 대상으로 한 브랜드이다.

　이와 같이 브랜드가 담고자 하는 속성들은 다시 두 가지 방향으로 표현되고 있다. 오뚜기의 '씻어 나온 맛있는 쌀'이나 풀무원의 '들기름을 섞어 바삭바삭 고소하게 튀겨낸 김'은 주로 설명조로 제품의 특성을 나타내고 있다면, 롯데칠성의 '2% 부족할 때'는 '수분'이라는 단어를 배제하고 상징적인 의미를 담을 수 있는 감성적 표현을 사용하고 있다. 출시 후 커뮤니케이션상에서 '사랑은 언제나 목마르다', '그 남자의 2%', '그 여자의 2%' 등의 카피에서 볼 수 있듯이, 사랑을 테마로 브랜드의 의미를 풀어내고 있다.

　문장형 브랜드는 식료품 시장에서 두드러지게 보여지는 독특한 트렌드로서, 소비자 접점 마케팅의 차원에서 효과적으로 사용되고 있다. 그리고 해가 갈수록 늘어가는 많은 브랜드들 속에서 차별성을 유지하기 위해 등장한 측면도 있다. 물론 한두 단어의 변형을 통해 타사가 쉽게 Me Too 브랜드를 만들어낼 수 있다는 점, 그리고 소비자에게 회자되고 기억되기에는 긴 표현이라는 점에서 문장형 브랜드는 태생적 한계를 지닐 수 밖에 없다. 그러나 모기업이 광고에서 'Think New'라는 슬로건을 내걸었던 것처럼 브랜드에 있어서도 생각을 뒤집는 새로운 시도가 요구되고 있다.

TREND 30 기호 브랜딩

단순한 기호로 풍부한 효과를 노린다

우리가 말하고 있는 상표Brand의 정의를 살펴보면, 소비자에게 식별시키고 경쟁자들의 것과 차별화하기 위하여 사용되는 명칭, 말, 기호, 디자인 로고 및 이들을 결합한 상징물들의 결합체라고 말한다. 위의 내용 중에 수학이나 음악, 과학 책에서나 나옴직한 기호가 브랜드로 재탄생되어 독특한 매력을 내뿜고 있다. 평범함을 거부한 기호 브랜드의 색다른 스토리를 지금부터 살펴보자.

기호로 공간을 말하다 – the #, 아침℃, D3 City

TV에서 나오는 아파트 광고 모델들은 이영애, 김남주, 전지현 등 여자 연예인들이 대부분을 차지하고 있다. 요새 조승우, 다니엘 헤니 등 젊은 남자 모델들도 종종 등장하고 있지만 가장 초창기에 남자모델을 내세운 브랜드가 포스코 건설의 'the #'이다. 포스코 건설은 '내 삶의 반올림'이란 컨셉으로 톱스타인 장동건과 음악 기호인 '#'을 활용해 캠페인을 진행하였다.

기호를 활용한 아파트 브랜드 – 포스코 건설 '더샵', 신원종합개발 '아침도시', 대성산업 '디큐브시티'

런칭 당시 'the #'은 일반인과 언론매체에 상반된 반응을 얻었는데, 아파트 브랜드로서 '신선하다'와 패션브랜드도 아닌데 기호를 아파트에 사용한 것이 좀 '생뚱맞다'라는 이미지였다.

그러나 꾸준한 커뮤니케이션과 포스코 건설의 건실한 이미지가 덧붙여진 'the #'은 짧은 기간에 건설사와 브랜드 모두 소비자의 높은 로열티를 받는 브랜드가 되었다. 만약 커뮤니케이션 비용이 확보되지 않은 중소업체가 'the #'을 브랜드로 가졌다면 아무런 의미도 전달하지 못하고 사장됐을 수도 있다. 음악의 올림기호를 활용한 참신한 아이디어와 심볼은 타 경쟁 브랜드가 가지지 못한 차별화된 이미지를 갖게 되었고 소비자의 머릿 속에 깊이 각인되어 꾸준한 사랑을 받고 있다.

내가 사는 곳에서 3분 안에 모든 것이 해결된다면 얼마나 좋을까? 바로 대성산업의 미래 복합단지인 'D^3 City'에서는 가능하다. 문화공간, 비즈니스, 공공서비스 등이 한데 모인 'D^3 City'는 원스톱 라이프 One Stop Life를 지향하는데 51층 초고층 아파트를 필두로 쇼핑몰, 컨벤션 센터, 호텔, 극장 등 생활에 필요한 필수조건을 한 곳에 다 마련하였다. '젊은 리더들의 3분 도시'라는 캠페인 슬로건을 통해 브랜드에서 보여지는 '3Cube'의 메시지도 간접적으로 전달하고 있다. 큐브^{Cube}는 수학에서 정육면체와 세제곱을 나타내는데, 영문으로 'Dcube'가 아닌 수학 기호 '3(세제곱)'을 사

'젊은 리더들의 3분 도시'라는 컨셉의 대성산업 'D³ City' TV 광고

용한 'D³'로 시각적 임팩트를 높였다. 광고에서 보여준 3분 안에 이뤄지는 프리미엄 라이프의 단면들은 향후 우리가 일반적으로 경험하게 될 라이프사이클Life Cycle일지도 모른다. 대성산업의 대표 이니셜인 'D'와 D로 연결되는 다양한 의미들에 덧붙여 세제곱의 '3'은 첨단의 미래지향적 이미지를 전달한다. 그리고 기존 명칭 패턴에서 벗어나 앞선 이미지를 전달하는 'D³ City'에서의 삶을 느껴보고 싶게 만든다.

중견 건설사인 신원종합건설의 '아침도시'란 브랜드는 광고매체나 커뮤니케이션상에서 한글인 '아침도시'와 기호가 섞인 '아침℃'를 함께 사용한다. 싱그러운 아침햇살의 감성지수를 온도를 나타내는 '℃'를 통해 전달한다. '생활 체감 온도'라는 슬로건에 걸맞는 브랜드네임과 심볼은 중견 건설사가 할 수 있는 최대의 차별화를 꾀하고 있다.

브랜드 전쟁을 치르고 있는 건설사들은 갈수록 전달할 수 있는 이미지의 한계를 느끼고, 이처럼 기호를 활용하여 차별화된 메시지를 전달하려고 하는 것이다. 기호 브랜드는 일반적인 브랜드에 비해 주목성은 높으나 지속적인 관리와 홍보가 뒤따르지 않는다면 소비자에게는 그저 어려운 브랜드로 인식될 위험도 있다. 그렇다 하더라도, 공간의 이미지에 기호를 접목시킨 아이디어는 박수받을만한 자격이 충분하다.

임팩트로 승부한다 - 2% 부족할 때, 앤(&)

아마도 많은 개그맨들이 꿈꾸는 최고의 순간은 국민들이 자신의 유행어를 따라 하는 것을 볼 때가 아닐까. 그런 영광을 누린 브랜드가 바로 롯데칠성의 '2% 부족할 때'인데 '사랑은 언제나 목마르다', '날 물로 보지마' 거기에 브랜드명인 '2% 부족할 때'까지 유행어처럼 퍼져 국민들의 사랑을 한몸에 받았다. 한때 미과즙 음료의 90%라는 경이적인 점유율을 보유한 '2% 부족할 때'는 출시 당시엔 음료의 어느 제품군에도 속하지 않아 소비자들에게 새로운 물이라는 점을 부각시키는 홍보를 해야만 했다. 그래서 제품명을 결정하는 데도 많은 고충이 있었는데 인간이 느끼는 갈증이 체내에 수분이 2%가 부족할 때라는 것에 착안하여 브랜드명이 결정되었다. 브랜드명이 결정 된 후에도 여러 상반된 반응이 있었는데 '제품과 동떨어졌다'라는 부정적인 반응도 있었지만 '한번 들으면 절대 잊혀지지 않을 것 같다', '신선한 발상이다' 등 긍정적인 반응도 있었다.

'2% 부족할 때'는 브랜드 네임의 참신함도 있었지만 시리즈 광고의 첫 시발을 연 제품이기도 하다. 당대 떠오르는 최고의 스타인 정우성과 전지현을 내세워 감성광고를 했던 '2% 부족할 때는 그 후에도 장쯔이, 지진희, 문근영, 조인성 등을 캐스팅해 최고의 브랜드엔 최고의 모델이라는 공식을 유지해왔다. 판매고나 점유율이 예전 같지는 않지만 여전히 '2% 부족할 때'는 브랜드네임의 새로운 획을 그은 브랜드임이 분명하다. 함량을 나타내는 기호를 활용하여 대한민국을 휩쓸었을 만큼 인기가 높았던 '2% 부족할 때'의 아류작이 없는 것은 브랜드가 그만큼 독특하고 참신했음을 반증하는 것이다.

많은 패러디를 나왔던 롯데칠성의 '2%부족할 때' TV 광고

길거리를 돌아다니면 젊은 청소년이나 대학생들 심지어 직장인들까지도 귀에 이어폰을 끼고 산다. 이미 몇 년 전부터 나타나기 시작한 현상이다. 워크맨을 벨트에 차고 다니며 뽐냈던 게 그리 먼 이야기가 아님을 생각할 때 디지털 기기의 변화 속도가 놀랍다. 그 중 애플^{Apple} 사의 아이팟$_{ipod}$은 자체 온라인 프로그램을 통해 음악과 동영상 컨텐츠를 구매할 수 있는 서비스를 제공하여 큰 인기를 얻고 있다. 애플만의 심플한 디자인과 자체 프로그램을 통한 컨텐츠 제공이 고객들에게는 큰 매력으로 다가온 것이다.

여기에 강력한 애플의 아이팟에 맞서는 우리나라의 토종 브랜드가 있는데 바로 LG전자의 앤&이다. 앤&은 기존 '엑스프리' 브랜드를 이은 휴대 멀티미디어 기기 통합 브랜드로 아이팟과 같이 자체 미디어 센터를 통해 오디오, 비디오 방송 등의 컨텐츠를 제공한다. 앤은 MP3와 PMP 기능을

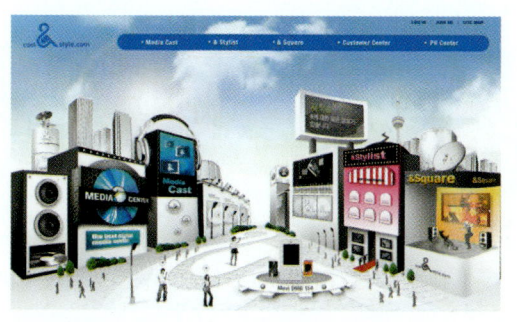 

앤(&)의 미디어센터 CoolnStyle.com (좌), 심플한 심볼 마킹이 돋보이는 앤 MP3 (우)

결합해 음악을 들으면서 동영상을 볼 수 있게 했다. 앤&의 미디어 센터인 쿨앤스타일닷컴 Coolnstyle.com에서는 &stylist, &square 등 연계 컨텐츠를 활용해 통합 브랜드인 &에 더욱 힘을 실어주고 있다. 삼성전자와 레인콤의 '엡스튜디오'와 '펀케익'도 컨텐츠를 제공하고 있지만 앤&의 미디어 센터처럼 정기적으로 컨텐츠를 제공하지는 않는다. '~함께, 그리고, 또한'의 의미를 갖는 '&'은 심플하고 임팩트 있는 비주얼과 명칭으로 신세대들에게 아이콘 브랜드 Icon Brand로 다가가고 있다.

패션과 수학이 만나다

온라인 쇼핑을 하다 보면 독특한 명칭의 쇼핑몰 하나가 눈에 들어온다. 제곱근을 나타내는 수학 기호인 '√Root'를 활용한 '루트엘 www.rootl.com'이다. 롯데의 자회사인 롯데닷컴에서 운영하는 프리미엄 온라인 쇼핑몰이다. 소규모의 개인 쇼핑몰을 제외하고 Gmarket, Auction, GS e-shop 등 메이저 온라인 쇼핑몰 명칭이 쇼핑에 대한 직접적인 표현을 했다면 '루트엘'은 뭔가 색다른 느낌이다. 'L'에는 'Luxury, Life, Lotte' 등 다양한 의미를 부여하고 수학 기호인 루트(√)를 통해 새로운 라이프스타일을 열겠

수학기호와 패션의 만남 – '루트엘'과 '스톰'의 심볼

다는 의미를 전달한다. 다소 어렵게 느낄 수 있는 '√' 기호를 간결한 비주얼로 표현하고 '쇼핑의 새로운 공식'이란 컨셉으로 소비자에게 쉽게 전달하고 있다. 수학 교과서에서 봤을 땐 어렵게만 느껴졌던 √ 기호가 숫자가 아닌 'L'과 함께 있으니 색다른 느낌이고 오히려 친숙하기까지 하다.

현재 20대 후반이나 30대 초반의 독자라면 학창시절에 NIX, GUESS, Intercrew, Storm 등을 기억할 것이다. 당시 위의 제품으로 상, 하의를 맞춰 입고 다녔다면 보통 주변에서 '좀 사는구나' 하고 생각했을 정도였다. 그 중 많은 사랑을 받던 브랜드 중 하나가 'Storm스톰'이었다. '292513=STORM'이 정확한 명칭으로 1990년대에 런칭한 브랜드라 하기엔 너무나도 감각적이고 트렌디한 브랜드 명칭을 선보였다. 숫자와 수학의 등호 표시를 사용하여 많은 이슈를 불러일으킨 스톰은 현재는 미미하게 그 맥을 이어가고 있지만, 당시의 패션을 뛰어넘는 독특한 디자인과 세련된 브랜드 마케팅은 많은 사람들의 기억 속에 남아있다.

기호여 영원하라

'루트엘'과 '스톰'의 사례를 살펴보면서 패션이나 그와 유사한 계통의 제품군은 브랜드 이미지가 곧 제품이 되기 때문에 굉장히 민감하게 이미지 전달을 한다. 전자제품이나 다른 분야도 브랜드의 이미지가 중요해 '브랜드 = 제품'이란 공식이 성립하지만 직접 내가 입고 쓰는 제품의 파급은 그보다 더 클 것이다. 그런 상황 속에서 기호 브랜드의 매력은 다른 브랜드가 가지고 있지 않은 '색다름'과 '차별화'로 이미지 전달을 하는 것이다. 기호 자체의 이미지보다는 그 기호를 통해 전달될 수 있는 파급 이미지를 통해 소비자들의 머릿 속에 좀더 오래 그리고 깊이 각인될 수 있을 것이다.

epilogue

'트렌드'라는 것이 '권위'가 될 수도 있다는 것을 브랜드 개발 컨설팅을 하면서 종종 느끼곤 한다. 막연하게 새로운 것을 제시하기 보다는 세계적인 메가 트렌드에서 시작한 보고서는 좀더 신뢰받는다. 충실한 트렌드의 분석을 깔고 이를 뛰어넘어 다른 시도가 가능하다는 새로운 제안은 클라이언트를 우리 편으로 만들기도 한다. 그 뿐인가? 구체적인 브랜드를 추천하는 시점에서도 트렌드는 힘을 발휘한다. 추천하는 브랜드가 거대한 브랜딩의 큰 흐름을 볼 때 적합하다 혹은 부적합하다 라는 적절한 논리가 덧붙여질 때 의뢰한 기업의 만족도는 무한히 높아진다.

브랜드 개발 컨설팅을 의뢰한 기업의 입장에서는 전문회사에 원하는 점이 결국은 '통찰력'일 터인데 그 통찰력이라는 것은 결국 끊임없이 브랜딩의 경향들을 탐구하는 것에서 나오는 것이다. 그런 점에서 이 책은 답이 정해져 있지 않은 일을 업으로 삼고 있는 사람들이 조금 더 답에 가까운 결과물을 추구하면서 쌓아온 직업병(?)을 정리한 셈이다.

소위 '트렌드'에 민감한가? 라는 기준에 있어서 필자는 중간 정도의 위치이다. 새로운 첨단 기기가 등장했다고 해서 열광하고 당장 그 기능과 사양을 파헤치는 소비자가 아닌 것이다. 그렇다고 해서 그런 새로운 경향이나 조류와 전혀 무관하게 시대적 변화를 무시한 나만의 고집스런 스타일을 고수하는 것도 아니다. 필자의 이러한 경향이 한쪽으로 치우쳐서는 안 되는 브랜딩이라는 작업을 하면서는 도움이 된다고 생각하고 있다.

이 책을 집필하면서 경계했던 점 역시 같은 맥락에서이다. '트렌드'라는 용어가 짧게 지나가는 유행을 뜻하는 것이 아니라 단기를 초월해서 지속되는 장기적인 큰 흐름이라고 정의했을 때 너무 특정 타깃이나 특수하게 적용이 되는 현상을 제외하였다. 또 이미 누구나 알고 있어서 최신성이라는 기준에서 현저히 떨어지는 경향 역시 배제했다.

이른바 브랜딩을 거론할 때 '단순함', '스토리', '감각적 매력', '문화', '논리'라는 5가지 큰 흐름 속에 있으면서 한동안 유지될 만한 경향들에 집중했다. 결국 소비자들의 마음을 움직이고 새로운 인식을 형성할 수 있는 브랜딩의 트렌드는 대다수의 일반 소비자에게 얼마나 영향력이 있는가가 관건이기 때문이다.

물론 이 책의 필진 중에는 그 어떤 얼리 어댑터Early Adaptor보다도 빠른 눈썰미와 새로움에 대한 욕구를 가진 후배들도 있으며 브랜드에 개입됨직한 과장의 요소를 최소화한 담백함을 추구하는 필자도 있다. 이처럼 브랜딩 트렌드를 주제로 여럿이 함께 책을 쓰는 작업은 이러한 다양한 시각을 조율하는 시간이었고 단순히 몇 개의 히트 브랜드를 뛰어넘어 큰 흐름으로 엮는 작업이었다. 좋은 브랜드란 어떤 것이며 좋은 브랜드의 흐름은 어떤 것인지 끊임없이 관찰하고 발견하기를 거듭하는 입장에서 스스로를 교육시키는 의미있는 작업이기도 했다.

막상 책을 세상에 내면서 아쉬운 점이 있다면 초기에 책을 기획하면서

트렌드메이저 이사, 정지원

생각했다. 부부 중 미래의 트렌드 트렌드에 대한 예측이 어렵지는 않다. 그러나 이미, 트렌드도, 잠든 용어 속에 이미 변화의 가능성이 숨어있는 이 책에서 지배하는 30가지 트렌드를 통해 공존의 공간이 마련될 것이다. 태풍이 일어나려면 장체로 미래를 조망할 시로운 트렌드가 필요한 시점이다. 속속히 변경되기를 바라면서 이 책을 마무리한다.